예민함이 나만의 무기가 되도록

예민함이 나만의 무기가 되도록

글토닥(이기광) 지음

채륜

들어가며

예민한 성향은 인생을 살아가는 데 있어서 고난과 시련이 많다. 왜 그런 걸까? 사회의 시선이 곱지 못하기 때문이다. 사회에서 받아들이는 예민함은 부정적인 느낌이 강하다. 예민한 사람들이 까탈스럽다는 인상을 가지고 있기 때문이다.

그러나 이는 오해이다. 예민함은 성격의 한 유형일 뿐이다. 예민함과 사회성은 크게 연관이 없다. 그러나 예민함을 잘못 다루면, 사회성이 떨어

예민함이 나만의 무기가 되도록

질 수밖에 없다. 예민함이 사회 활동에 방해가 되는 것은 부정할 수 없는 사실이다.

진짜 문제는 그 어디에서도 예민함을 어떻게 다루어야 하는지 자세히 알려 주지 않는다는 점이다. 예민한 성향을 숨겨야 하며, 그저 배척의 대상이 될 뿐이다. 이는 매우 안타까운 일이다. 나는 예민한 사람으로 살아왔다. 그리고 나의 예민함을 긍정적인 방향으로 사용해 왔다. 이 경험을 바탕으로 배운 한 가지 사실이 있다.

예민함을 잘 다루기만 하면, 강력한 무기가 된다는 점이다. 나는 예민함을 무기가 되도록 만들었다. 바로 섬세함이다. 당신도 할 수 있다. 예민함을 갈고닦아 섬세함이라는 무기로 만들어라. 예민한 사람만이 가질 수 있는 특별한 무기가 당신을 성공으로 이끌 것이다.

차례

1장
남들보다 예민한 사람들

2장
예민한 사람의 슬기로운 인간관계

3장
예민함을 섬세함으로

⭕ 잠깐 체크_ 나는 예민한 사람일까?

다음을 읽고 체크해 보자. 해당되는 문항이 많다면 당신도 예민한 성격일 확률이 높다. 예민함이 당신을 지치게 한다면 이 책의 도움을 받아 보자. (단, 테스트에 대한 지나친 맹신과 일반화는 주의해야 한다)

☐ 공감력이 뛰어나다. 더 나아가 타인의 감정을 흡수한다.

☐ 매사에 까다롭고 완벽주의자다.

☐ 소소한 일에 크게 감동받는다. 또는 영감을 얻는다.

☐ 애늙은이 같다는 소리를 자주 듣는다.

☐ 사람이 많은 공간에 가면, 외부 자극(주로 큰 소리와 냄새)에 압도당한다.

☐ 직관력이 뛰어나고 미묘한 감정과 분위기를 잘 읽는다.

☐ 감정을 제어하기 어렵다.

남들보다 예민한 사람들

예민한 성격은 축복일까 저주일까?

"너 참 유별나다."

내가 어릴 때부터 듣던 말이다. 예민한 사람들은 "유별나다."라는 말을 들으며 자라온다. 예민한 성격은 남들이 보지 못하는 부분도 민감하게 보고 느낀다. '아 저건 아닌 거 같은데...' 하는 느낌을 자주 받지만, 사람들은 뭐가 또 거슬리냐고 비아냥대기 일쑤이다.

타인에게 이해받지 못하고 배척당하는 경험들이 쌓이다 보면 결국 입을 꾹 닫고, 내성적인 사람이 돼 버린다. 예민한 사람들은 대개 우뇌가 발달되어 있다. 그래서 왼손잡이들이 많다고 한다. 또한 내향적이고 예술과 문화를 좋아하며 감성적이다. 타인의 심정을 잘 파악하고 공감 능력 또한 우수하다. 하지만 이런 특질들이 오히려 사회를 살아가는 데 마이너스가 되기도 한다.

예민한 성격이
만들어지는 이유

예민한 성격은 유전적으로 형성되는 경우가 대다수이다. 예민한 사람들은 과도한 외부 자극에 시달린다. 우리 뇌는 일정한 정보만을 처리할 수 있다. 그래서 뇌는 외부 자극에 대한 자동 필터 시스템을 가지고 있다. 그런데 예민한 사람의 뇌는 이 필터 시스템이 거의 작동하지 않는다. 그래서 외부 자극에 무력하다. 자극은 곧 스트레스로 이어진다. 그래서 사람이 많거나 시끄러운 장소에서 예민한 사람은 패닉에 빠지게 되는 것이다.

예민한 성격은 유아기와 청소년기를 거쳐 강화되거나 약화되면서 만들어진다. 어릴 적부터 예민함을 이해받고 보살핌을 받은 아이는 사회에 나가서도 잘 적응한다. 오히려 섬세한 성격을 이용해 리더가 되거나 성공하기도 한다. 그러나 예민한 성격을 지적받거나 정신병 취급을 받는 아이는 사회 부적응자가 되기도 한다. 그래서 부모의 역할이 정말 중요하다. 예민한 성격은 병이 아니다. 전체 인류의 15~20%의 사람들이 예민한 성격을 가지고 태어난다. 타고난 유전과 환경에 따라 예민함의 정도가 결정되고 성격이 형성된다.

예민함은
신이 내린 저주일까?

예민하면 불편하다. 보고 싶지 않아도 보이고, 듣고 싶지 않아도 들린다. 상대의 표정이 일그러지는 순간을 포착하고, 분위기를 읽는다. 예민한 사람은 공기의 흐름을 읽을 줄 안다. 사람들 간의 신경전이나, 분노와 같은 감정들을 공기의 흐름으로 인식해 버린다.

예민한 사람이 혼자가 편한 이유가 바로 여기에 있다. 사람들 간의 분위기를 단숨에 읽고, 어색함을 참지 못하기 때문이다. 예민한 사람들은 신체적으로도 불편함을 감지한다. 얼굴이 붉어지거나, 심장이 쿵쿵대는 증상이 대표적이다. 특히 과로를 하거나 스트레스를 많이 받으면 피부에 붉은 반점이 나기도 한다.

이는 면역력이 떨어져서 그렇다. 타인보다 과도한 스트레스를 받기 때문에 피부로 발진이 올라온다. 또한 비위가 약해서 더럽거나 비위생적인 것을 참지 못한다. 이런 성격이다 보니 사회생활을 하면 할수록 예민함은 불편하게 느껴진다. 이렇게 단점을 쭉 늘어놓으면 예민함은 저주로까지 보인다. 그런데 정말 단점만 있는 걸까?

예민함을 축복으로 만드는 방법

남들과 다르다면 차별을 받고 배척당하기도 하지만, 예민함을 잘 활용한다면 강력한 무기가 된다. 예민함은 유전적으로 타고나야만 가질 수 있는 능력이다. 예민한 성격이 아닌 사람은 다시 태어나지 않는 이상, 예민한 성격을 가질 수 없다. 예민함은 섬세하고 영감이 필요한 직업군에서 빛을 발휘한다.

　작가, 소설가, 예술가, 크리에이터, 유튜버, 사회복지사, 작사가, 가수, 연예인, 배우, 사업가, 자영업 등 다양한 직업군에서 누구도 따라 할 수 없는 성과를 달성한다. 즉 밤하늘에 빛나는 저 수많은 별처럼 각자의 자리에서 자신만의 빛을 내뿜는 것이 예민한 사람들이다.

　남들이 하라는 대로 하지 않고, 자신만의 길을 개척하고 걸어가야만 예민한 사람은 성공할 수 있다. 사회생활을 좀 못한다고 해서 크게 잘못되지 않는다. 꼭 대중들에게 자신을 맞출 필요는 없다. 밤하늘의 별처럼 예민한 당신 또한 스스로 빛을 뿜어내면 된다.

　예민한 성격은 양날의 검이다. 자신의 성격을 비하하고 자신감을 잃으면 예민함은 저주가 된다.

그러나 자신을 믿고 사랑하며, 타인을 도우려는 선한 마음을 잃지만 않는다면 예민함은 축복이 된다.

예민함을 다루는 법

예민하고 섬세한 성격이라면 반드시 이 방법에 대해서 알고 있어야 한다. 이것은 아주 손쉽게 생산성을 높이고 예민함을 다룰 수 있는 방법이다. 이 방법은 바로 '우선순위 정하기'이다.

예민한 사람은 외부 자극에 취약하다. 한 가지 일에 집중하는 것이 힘들다는 뜻이다. 집중을 하다가 이내 딴생각에 빠진다. 어제 있었던 일이나 다른 일이 생각나는 것이다. 그리고 갑자기 하던 일을 멈추고 집안일을 하기 시작한다.

만약 예민한 사람이 공부를 해야 한다고 가정해 보자. 공부는 중요한 일과이다. 공부를 하려고 책상에 앉았더니 지저분한 책상이 거슬린다. 책상을 정리하고 먼지를 닦아 낸다. 그러자 잔뜩 어질러진 자신의 방이 보인다. 이제는 방을 청소하기 시작한다. 방 청소가 끝나면 갑자기 거실에 있는 빨래가 보인다. 빨래를 시작한다. 빨래가 끝나면 잔뜩 쌓여 있는 주방의 그릇들이 보인다. 참지 못하고 설거지를 한다. 그렇게 공부를 하지 못하고 잡일로 하루를 전부 보낸다.

우선순위 정하기
세 가지 항목

예민한 사람은 반드시 우선순위를 정해야 한

다. 꼭 해야 할 일 세 가지를 정해 보자. 그리고 중요도에 따라 우선순위를 정하고 노트에 적어 보면 된다. 첫 번째 순위가 가장 먼저 해야 할 일이다. 나 같은 경우에는 우선순위를 정할 때 자연스럽게 연결이 가능한지 보는 편이다.

나는 글쓰기를 할 때 항상 커피를 마시면서 한다. 그러니 우선순위를 정할 때 글쓰기보다는 커피사는 것을 우선순위로 둔다. 커피를 사는 김에 운동도 함께 한다. 산책을 돌고 커피를 산 다음 집으로 돌아와 글을 쓴다. 이런 식으로 자연스럽게 연결되는 패턴을 만들어야 한다.

습관적으로 하는 일은 굳이 우선순위를 정할 필요는 없다. 집안일이나 간단한 잡무 정도는 틈날 때 하면 된다. 우선순위는 중요도에 따라 세 가지에서 다섯 가지 항목으로 정하면 된다. 나는 운동과 글쓰기 그리고 독서를 매일 한다. 매일 할 수 있는 이유는 과업의 중요도에 따라 우선순위를 정했기 때문이다. 세 달 정도가 지나면 굳이 적을 필요도 없이 습관적으로 하게 된다.

완벽하지 않아도
괜찮아

우선순위를 정해서 하루 계획을 짰다 해도 직접 해 보면 쉽지 않다는 것을 금방 알 수 있다. 그럴 때는 완벽주의를 버리고 한 가지 항목이라도 먼저 해 보는 것이 중요하다. 부담을 갖지 말고 천천히 스텝을 밟아 나가야 한다. 예민한 사람은 완벽주의 성향이 있기 때문에 계획이 한 번 틀어지면 완전히 포기해 버리는 나쁜 버릇이 있다.

이 세상에 완벽함은 존재하지 않는다. 특히 인간사는 더욱 그렇다. 예민한 성향은 완벽함을 추구

한다. 예민한 사람은 완벽한 환경과 조건을 갖춰 놓고 시작하려고 한다. 그런 완벽주의 때문에 오히려 시작도 못 하게 된다. 뭐든지 시작이 중요하다. 계획을 짜 놓고 막상 행동을 하지 않으면 방구석 몽상가가 돼 버린다.

즉 행동이 중요하다는 뜻이다. 완벽하지 않아도 좋으니 자신이 정한 우선순위대로 조금씩 실행을 해 보자. 이것조차 부담이 된다면 '스몰스텝'을 활용해도 좋다. 스몰스텝은 해야 할 일을 잘게 쪼개서 하는 방법이다. 만약 요리를 하려고 한다면 냉장고를 여는 것부터 시작하는 것이다. 예를 들면,

1. 냉장고를 연다.
2. 재료를 꺼낸다
3. 주방에 가서 재료를 손질한다.
4. 요리를 한다.

5. 먹는다.

이런 식으로 요리를 하는 것을 5단계로 세분화하는 것이다. 이는 노트에 적어도 좋고 머릿속으로 구상해도 상관없다. 스몰스텝은 뇌의 저항을 줄여주기 때문에 행동을 유도하는 좋은 방법이다. 특히 예민한 사람을 움직이게 할 수 있는 특효약 같은 방법이다.

예민함은 극복하는 것이 아니고 다루는 것이다.

예민 보스들을 지켜 주는
심리 안전 기지

나는 어릴 적부터 안전한 공간을 좋아했다. 이불을 뒤집어쓰고 벙커 안에 있다고 상상하면서 놀았던 기억이 난다. 뿐만 아니라 구석진 자리, 아무도 없는 한적한 곳 같은 공간들을 좋아했다. 어른이 된 지금도 별반 다르지 않다.

예민한 사람들은 특히 심리적 안전 기지가 중요하다. 심리적 안전 기지란 무엇일까? 에너지를 채울 수 있는 편안한 공간이라는 뜻이다. 안전 기지는 사람이 될 수도 있고 가상의 공간일 수도 있다.

예민하다면 어른이 되어서도 이런 안전 기지는 반드시 필요하다. 안전 기지는 나를 지켜 주는 벙커가 된다. 예민한 사람들은 외부에서 들어오는 자극이 많고 감정 기복이 심하기 때문에 반드시 심리적으로 안정이 되는 특별한 기제가 필요하다.

안전 기지는
애착관계에서 시작된다

안전 기지 이론은 애착관계에서 만들어진 단어이다. 안전 기지는 우리가 믿고 의지할 수 있는 대상을 뜻한다. 태어나서 믿고 의지할 수 있는 존재는 부모님이다. 하지만 부모가 처음인 사람은 대체로 아이를 대하는 데 서툴다. 그뿐일까. 살다 보면 경제력을 비롯한 많은 문제로 부부 사이에 다툼이 일어난다. 생에 처음 겪는 육아 스트레스에 배우자와의 갈등이 더해지면 부모의 불안이 아이에게 전해질 수밖에 없다. 물론 이런 상황에도 열심히 육아 정보를 습득하고 노력을 통해 건강한 애착관계를 형성하는 부모도 많을 것이다. 하지만 미숙한 양육 태도로 일관하여 아이가 혼란을 느낀다면? 그런 환경에서도 아이가 부모를 안전 기지로 생각할 수 있을까.

안전 기지가 부실하면 어떻게 될까? 제대로 된 애착을 받지 못하고 안전 기지가 없다면 커서 관계망을 형성하는 데 문제가 발생한다. 부모가 안전 기지 역할을 못하거나 심리적 안전 기지가 확보되지 않으면 어른이 돼서도 불안과 우울, 애정결핍으로 나타나게 되며 심하면 도박중독과 알코올 중독으로까지 이어진다.

안전 기지는 부모로 시작돼서
친구와 연인으로 연결된다

인간은 자신이 돌아갈 곳이 있다면 과감해질 수 있다. 끊임없이 도전할 수 있는 원동력도 여기서 나온다. 안전 기지가 튼튼한 사람은 연애도 일도 잘하게 된다. 왜일까? 자신이 돌아갈 곳이 있기 때문이다. 실패를 하더라도 안전 기지로 돌아가 에너지를 충전하고 다시 시작하면 된다. 안전 기지는 에너지 충전소이다. 그렇다면 안전 기지의 역할을 제대로 수행하려면 어떤 조건이 필요할까?

첫째, 언제든지 돌아갈 수 있는 곳

둘째, 자신의 페르소나(가면)를 전부 내려놓고 편안하게 있을 수 있는 곳

셋째, 기분이 좋아지며, 안전함을 느낄 수 있는 곳

위 세 가지 조건이 갖춰지면 안전 기지로서 충

분하다. 보통은 부모가 안전 기지 역할을 해 준다. 부모로 시작된 관계는 커 가면서 친구와 연인 그리고 배우자로 연결된다. 부모와의 관계가 튼튼한 사람은 관계도 더 잘 맺을 수 있다.

안전 기지는 스스로 창조해 낼 수 있다

이쯤에서 고개를 갸웃하는 분도 있을 것이다.

'저는 부모님과 특별한 교감을 나눠 본 적이 없는데, 그럼 앞으로 불안정한 인간관계밖에 맺을 수 없는 걸까요?'

앞에서 이야기했듯 모든 부모가 아이의 안전 기지가 되어 주진 못한다. 타고난 성품 탓이든 곤궁한 환경 탓이든 혹은 육아 정보의 부족함 탓이든 여러 이유로 아이에게 불안을 주는 부모는 어느 때에나 있다. 심지어 부모가 아이에게 주는 영향이 얼마나 큰지는, 비교적 최근에야 다양한 매체에서 다루고 있으니 과거에는 안전 기지에 대한 인식조차 없는 분이 많았을 거다. 물론 어떤 조건에서든 안전 기지 역할을 훌륭히 해내고 아이를 잘 키워낸 부모가 있음을 안다.

어찌 됐든, 부모가 안전 기지 역할을 못하게 되면 아이는 커서도 심리적 불안에 시달린다. 언제 버려질지 모른다는 두려움과 매일 맞서 싸우는 것이다. 이로 인해 새로운 안전 기지를 만들기 위해 엄청난 에너지를 사용한다. 특히 애인에게 집착에 가까운 관계를 맺으려고 한다.

실패를 두려워하며, 그로 인해 더 실패하게 된다. 예민한 사람이라면 더욱 그렇다. 예민한 사람은 자신만의 공간이 절대적으로 필요하다. 앞서 설명한 것처럼 대부분의 부모님들은 안전 기지의 역할을 수행하기 힘들다. 그러니 임시라도 안전 기지를 스스로 만들어 낼 필요가 있다.

이는 물리적인 공간이 될 수도 있고 정신적인 공간일 수도 있다. 나 같은 경우는 책이 안전 기지 역할을 해 주었다. 나는 단칸방에서 살 정도로 가난한 집에서 자라 왔다. 이로 인해 부모님은 언제나 바쁘셨고, 알아서 뭐든지 혼자 해내야 했다. 그래서 유년기와 청소년기에 애착을 제대로 형성하지 못했고 커서도 관계를 맺는 데 어려움이 있었다.

그러나 책이라는 안전 기지를 통해 나는 극복할 수 있었다. 책은 나에게 영웅이자 상상의 도구로써 안전 기지 역할을 톡톡히 해 주었다. 청소년기에는 힘들 때마다 해리포터와 삼국지를 읽었다. 해리포터는 나에게 위로와 재미를 주었고 삼국지는 영웅의 힘과 기백을 느끼게 해 주었다.

부모님이 안전 기지 역할을 못한다고 해서 비난하거나 탓하지 않아야 한다. 남 탓, 환경 탓을 하는 것은 전혀 도움이 안 된다. 마음만 먹는다면 스스로 못할 것이 없다. 당신은 무한한 잠재력을 가진 존재이다. 안전 기지 또한 스스로 창조해 낼 힘을 가지고 있다. 예민하다면 반드시 안전 기지를 스스로 창조해 내야 한다. 당신만의 안전 기지는 무엇인가?

운동을 꼭 해야 되는 이유

　　예민함은 단점이다. 이렇게까지 확신할 수 있는 이유는 내가 예민한 성격이기 때문이다. 예민함은 쉽게 상처받으며 사소한 일도 과민 반응하게 만든다. 스트레스 상황에 노출됐을 때 더 빨리 지치고 회복도 떨어진다. 예민함은 삶을 살아가는 데 있어서 도움보다는 방해가 될 때가 더 많다. 예민함은 생명이 위협받는 상황에서는 큰 장점이지만 일반적인 생활에서는 과민 반응으로 인해 스트레스를 심하게 받을 뿐이다.

　지구상의 모든 생물 집단에서 15% 정도 예민한 개체가 있다고 한다. 15% 정도 개체가 예민함을 유지해야 종이 살아남는 데 효율적이라는 연구 결과가 있다. 예민함은 공동체에 있어서 어느 정도 필요하다. 다만 인간종에서는 예민한 사람들이 너무 많다는 것이 문제가 된다.

　현대인들은 밀집된 지역에서 산다. 그로 인해 스트레스 상황에 더 자주 직면한다. 또한 생계를 위해 어쩔 수 없이 더 많은 스트레스 상황에 노출된다. 사소한 걸로 부하직원에게 자주 화를 내는 상사, 부정적으로만 생각하는 친구, 병적으로 의심하거나 집착하는 애인, 집에서 나오지 않는 히키코모리 등 모두 예민함 때문에 벌어지는 일들이다.

　남보다 예민한 사람들은 외적 스트레스에 반

응하는 역치가 상당히 낮다. 작은 자극에도 큰 반응을 일으키고 불같이 화를 내거나 눈을 부라린다. 주변 또한 예민한 사람의 눈치를 보느라 고생한다. 자신 또한 스트레스로 점점 고립된다. 현대인에게 있어 예민함은 사실상 도움이 되지 않는다. 당신이 맹수가 들끓는 아프리카 초원에 던져졌다면 예민함은 생존에 도움이 될 것이다. 하지만 우리는 상대적으로 안전한 도시 생활을 하고 있다. 그러니 지나친 예민함은 스스로를 병들게 할 뿐이다.

예민함은 스트레스와 깊은 연관이 있다

예민한 사람들의 뇌는 보통 사람들보다 편도체가 발달되어 있다. 편도체가 활성되면 시상하부는 뇌하수체로 신호를 보낸다. 뇌하수체는 호르몬을 부신으로 보내고 부신에서는 코르티솔이라는 스트레스 호르몬을 분비시킨다. 이런 몸의 시스템을 통틀어 우리는 스트레스를 받는다고 말한다.

스트레스를 받으면 우리 몸은 비상사태를 선포하고 경계태세를 취하게 된다. 이런 반응은 아주 빠른 속도로 이루어진다. 보통 0.1초 만에 호르몬이 분비되고 몸은 반응한다. 편도체가 활성화되면 코르티솔이 분비되고 그로 인해 편도체가 다시 반응하는 부정적인 악순환 고리가 완성된다.

편도체 활성도가 높아지면 일반적인 상황에서도 과민 반응하게 된다. 이게 바로 쉽게 상처받고 자주 화를 내고 급발진하는 예민한 사람들이 겪는 메커니즘이다. 일부는 이런 예민함 때문에 사람들과의 접촉을 끊고 혼자 지내기도 한다. 하지만 이는 근본적인 해결책이 되지 않는다. 단순한 회피는 시간만 낭비할 뿐이다. 스트레스를 마주하지 않으면 상황은 나아지지 않는다. 우리 삶은 언제나 스

트레스를 받게끔 되어 있다. 살아 숨 쉰다면 스트
레스에 직면하는 상황은 계속 일어난다.

예민함을 극복하게 해 줄
최고의 운동

　강한 멘탈을 만들어야 한다. 예민함을 극복하
고 즐겁고 당당하게 세상을 살아가고 싶다면 딱 한
가지 방법밖에 없다. 바로 운동이다. 만병통치약으
로 항상 운동이 지목되는 데는 타당한 이유가 있
다. 특히 달리기는 스트레스를 관리하고 예민함을
극복하는 데 특효약으로 알려져 있다.

　달리기를 하게 되면 스트레스 호르몬인 코르
티솔이 분비된다. 달리기는 괴롭기 때문에 우리 몸
은 스트레스 상황으로 간주하는 것이다. 다만 달리
기가 끝나면 코르티솔이 대폭 줄어든다. 그리고 코

르티솔 저항력이 강해진다. 규칙적으로 달리기를 하면 코르티솔 저항력이 강해지면서 예민함은 사라지고 건강한 삶이 그 자리를 대체한다.

달리기는 혈류를 상승시켜 해마의 활성도를 높인다. 해마와 전두엽의 혈류량이 증가한다. 달리기를 하면 전신으로 피가 순환되고 특히 뇌 혈류량이 증가한다. 이는 건강하고 이성적인 판단을 내리는 데 도움을 준다. 달리기를 규칙적으로 하면 편도체가 외적인 스트레스에 크게 반응하지 않고 더 이성적으로 판단하게끔 만든다.

예민함과 부정적인 감정 그리고 병적인 스트레스는 세상을 어둡게 만든다. 이를 날려 버리는 방법은 우리 모두가 건강하고 즐거운 라이프 스타일을 살면 된다. 그 중심에는 운동이 있다. 달리기뿐만 아니라 근력운동도 큰 도움이 된다. 주 2~3회 정도 달리기를 시작해 보자. 조금이라도 뛰어보자. 누워 있지 말고 움직이고 밖으로 나가자. 그리고 예민함을 던져 버리고 세상을 밝게 만들자. 우리가 해야 할 것은 단순하다. 오늘 당장 운동화를 신고 밖으로 나가 뛰는 것이다.

예민함은 사실 신이 주신
최고의 감각이다

예민함은 다소 부정적인 인식이 있다. 그 이유는 예민한 사람은 까다롭다는 인상을 주기 때문이다. 예민한 사람은 실제로도 까다로울 뿐 아니라 사소한 일도 그냥 넘어가는 법이 없어 주변을 귀찮게 만든다. 그래서 관계를 맺을 때 갈등이 자주 발생한다. 예민함은 분명 부정적인 면도 있다. 그렇지만 예민한 감각을 타고난 사람만이 가질 수 있는 특권도 동시에 존재한다.

예민한 사람은 감각이 발달해 있다. 영화 〈스파이더맨〉에서 주인공 피터 파커는 스파이더 센서라는 능력을 통해 큰 위험을 미리 감지한다. 위험이 닥치기 전에 털이 곤두서면서 위험을 감지하는 것이다. 그래서 발 빠르게 위험에 대처한다. 이 능력은 스파이더맨에게 아주 중요한 스킬 중 하나이다. 벽을 타는 것보다 더 중요할지도 모른다.

예민한 사람들은 대부분 이 스파이더 센서를 가지고 있다. 예민한 감각을 이용해 위험을 미리 감지하고 분위기를 읽는다. 이는 무의식적으로 하기 때문에 아무나 따라 할 수 없다. 그래서 시끄러운 장소나 위험한 장소를 본능적으로 피한다. 예민한 사람들이 집을 좋아하는 이유도 이 때문이다. 세상은 예민한 사람에게 너무나 위험하기 때문에 상대적으로 안전한 집에 있기를 바라는 것이다.

예민한 유전자는
어떻게 지금까지 살아남았을까?

인간은 사회적 동물이다. 과거 인류에게 있어서 고립은 곧 죽음을 의미했다. 그래서 인간은 무리에 배제되지 않기 위해 노력해 왔다. 군중심리, 또는 권력자에게 아부와 아첨을 하는 기질 등이 대표적이다. 그런데 예민한 사람들은 이런 사회생활을 거부하거나 무리를 잘 따르려고 하지 않고 오히려 리더와 맞서 싸우기도 한다.

무리에게 버림받는 행동을 일삼는데도 현재까지 예민한 사람들의 유전자가 없어지지 않고 이어지는 이유가 분명 있을 것이다. 그 이유는 예민한 감각을 통해 위험을 미리 감지하고 미래를 예측하는 능력 덕분이다. 과거나 현재까지도 예민한 사람은 리더의 오른팔이나 참모의 역할로서 굉장한 능력을 발휘한다.

삼국지의 제갈량은 날씨의 변화를 미리 알아 채고 전략을 통해 불리한 전쟁도 승리로 이끄는 책사였다. 이는 제갈량이 평소에 자신의 능력을 극한으로 갈고닦았기 때문에 가능한 일들이었다. 예민한 감각으로 날씨까지 알아맞히고 그에 맞는 전략을 짜는 능력은 예민한 사람들만 구사할 수 있는 능력일 것이다. 실제로 제갈량이 예민한 성격이었는지는 알 수 없으나, 전해 내려오는 소설과 정사를 살펴보았을 때는 제갈량은 예민한 사람이었을 것으로 추정된다.

예민함을 다루는 현실적인 방법

제갈량은 자신의 능력을 극한으로 키워 역사에 영웅으로 기록되었다. 그렇다면 현대에서는 예민함을 어떻게 다뤄야 할까? 다행히도 과거보다는 예민한 사람들이 활용할 수 있는 도구들이 많이 개발되었다. 얼굴을 가리는 마스크와 주변의 소음을 차단하는 노이즈 헤드폰·이어폰 등이 있다.

예민한 사람은 눈과 귀로 들어오는 자극만 차단해도 스트레스를 많이 줄일 수 있다. 평소에 선글라스나 헤드폰을 항상 소지하고 다니고 스트레스를 받는다면 착용하여 외부 자극을 줄여야 한다. 대중교통을 타거나 사람이 많은 장소에서 이 방법이 탁월하다.

예민함을 온 오프 하기 위해서는 주변 자극을 차단하는 방법이 최선이며 최고이다. 요즘에는 누구나 마스크를 끼고 다닌다. 코로나 거리두기가 해제되었지만, 거리의 사람들은 아직도 마스크를 착용한다. 위생적으로도 좋고 얼굴도 가릴 수 있어 안정감이 들기 때문이다.

예민한 사람이 이보다 더 살기 좋은 환경이 갖춰진 적이 있었을까? 개인의 사생활을 존중하는 시대로 나아가고 있는 요즘, 예민한 사람은 전자기기나 외부 자극을 차단하는 소품을 이용해 주변의 스트레스를 줄일 수 있다. 인류 역사를 통틀어 처음으로 예민한 사람들이 살기 좋은 시대가 오는 것이다.

예민한 감각을 이용해
예술혼을 불태워라

내가 만나 보고 경험해 온 예민한 사람들은 각자 하나씩 가슴속에 품고 있는 예술혼들이 있었다. 누구는 글쓰기가 될 수도 있고 어떤 이는 그림이 될 수도 있다. 또 어떤 이는 크리에이터가 될 수도 있다. 예민한 사람들은 감각이 남다르기 때문에 세상을 바라보는 독특한 시선이 생길 수밖에 없다.

예민하다면 주눅 들지 말고 자신을 당당히 세상에 내보여야 한다. 그래야 많은 사람들이 예민한 사람이 선보이는 독특한 시선과 예술에 공감하고 위로받을 수 있다. 예민한 감각은 사실 신이 주신 최고의 선물이다. 내성적이고, 예민하다고 주눅 들 필요가 없다. 모든 일에는 장단점이 동시에 존재하기 마련이다. 예민함도 마찬가지다. 예민한 감각을 이용해 자신만의 세상을 창조하고 세상에 선보이는 능력은 장점이 된다.

당신이 예민한 성격이라면 반드시 자신의 신념과 생각을 선보일 수 있는 예술을 해야 한다. 글도 좋고 그림도 좋다. 때로는 유튜버가 돼도 좋다. 자신을 표현할 수 있는 수단이라면 모든 시도해 보자. 나는 예민함을 이용해 글쓰기를 하고 있다. 예민함은 어떻게 다루느냐에 따라 빛이 될 수도 있고 어둠이 될 수도 있다.

예민함을 극복하고 나답게
사는 법

당신은 온종일 힘든 하루였다. 무거운 몸을 이끌고 퇴근길 지하철에 몸을 싣는다. 정처 없이 떠다니는 나룻배처럼 당신은 공허하다. 집으로 돌아왔지만, 무기력이 당신을 감싸 안는다. 씻고 누워 유튜브를 보거나 넷플릭스를 본다. 그렇게 하루가 마무리된다. 그리고 당신은 잠들기를 거부한다. 지옥 같은 내일이 당신을 기다리고 있기 때문이다. 예민한 사람은 더 그러하다.

당신은 왜 당신답지 못한가? 어째서 남들이 시키는 일만 하면서 살게 되었는가? 어째서 자기 주관을 잃어버린 채 흘러가는 대로 살게 되었는가? 그 이유는 바로 생각을 하지 않기 때문이다. 당신은 생각하지 않는다. 그리고 불평만 한다. 그것이 문제이다. 생각이 없다면, 당신 또한 없다.

예민한 사람이 무기력할 때
체크해 봐야 할 것

당신은 한 가지 주제에 대해서 5분 이상 생각할 수 있는가? 책상에 앉아서 한 가지 주제로 5분 분량의 글을 쓸 수 있는가? 5분 분량의 글은 대략 1500자에서 2000자 정도이다. 만약 쓸 수 없다면, 당신은 생각을 잃어버린 상태이다. 조타실이 없는 배를 몰고 있는 것이다. 얼마나 위험한 상태인지 알겠는가?

당신이라는 배는 지금 방향키를 잃었다. 생각하는 힘은 당신이라는 배를 조종하는 조타실이다. 그런데 생각하지 않음으로써 당신이라는 배는 바람과 물살의 흐름대로 이리저리 항해를 하고 있다. 배가 엉뚱한 방향으로 가더라도 당신은 어찌할 도리가 없다. 왜냐면 생각하지 않기 때문이다.

삶이 무기력하다면, 생각을 하지 않기 때문에 그런 것이다. 당신다움을 잃어버렸기 때문이다. 당신답지 않게 살기 때문에 그런 것이다. 문제는 바로 당신 내면에 있다. 무기력은 외부의 영향보다는 내부의 영향이 훨씬 크다. 당신이 진정 원하는 것을 생각하라. 무엇을 원하는가? 바로 대답할 수 없다면, 당신은 꿈을 잃어버린 상태이다.

예민한 당신이라 할지라도
직장에서는 프로답게 굴어야 한다

직장은 당신의 꿈을 이루는 장소가 아니다. 오히려 당신이라는 사람을 숨겨야 한다. 예민하다면, 더 그러하다. 가면을 쓰고 열심히 일해야 한다. 항상 미소를 지어야 한다. 그리고 일 처리는 꼼꼼히 수행하자. 직장에서 지켜야 할 예절과 매너를 꼭 숙지하고 지키자.

예민함은 벼슬이 아니다. 착각하지 말자. 당신은 돈을 벌러 가는 것이지, 당신의 꿈을 찾으러 가는 것이 아니다. 오히려 직장에서만큼은 당신을 내려놓아야 한다. 예민한 사람일지라도 직장에서는 예민하게 굴지 말아야 한다. 동료와 선배들과 잘 지내야 한다. 또한 고객을 상대하는 직업이라면, 예민함을 누르고 고객에게 최선을 다해야 한다. 그것이 당신에게 주어진 인생 과제이다.

예민한 내가 반드시 지키는 습관 두 가지가 있다. 이 습관은 당신을 보호하며, 당신의 사고력을 대폭 높이는 효과 있는 방법이다. 또한 당신을 생각하게 만든다. 앞서 생각은 인생의 조타실이라고 설명한 바 있다. 생각이라는 조타실을 만들어 내는 방법을 소개할까 한다.

예민한 사람이 나답게 사는 두 가지 방법

일단 나답게 살기 위해서는 사고력을 불러일으켜야 한다. 두 가지 방법이 있는데, 첫 번째는 책 읽기이다. 두 번째는 글쓰기이다. 이 습관은 당신이 퇴근해서도 꾸준히 지속해야 하는 습관들이다.

예민한 사람은 에너지가 금방 고갈 난다. 왜일까? 예민하기 때문이다. 예민하면 과도한 외부 자극으로 인해 보통 사람보다 에너지를 더 많이 쓸수밖에 없다. 그렇기에 반드시 에너지 총량을 늘리는 작업을 해야 한다. 생각은 많은 에너지를 쓴다. 의식적 사고는 에너지가 없이는 불가능하다. 그렇기에 당신은 두 가지 습관을 평생 동안 지키고 수행하면서 에너지 총량을 늘려 나가야 한다.

책 읽기와 글쓰기는 당신의 사고력을 확장시켜 준다. 또한 꾸준히 책 읽기와 글쓰기를 하게 되면, 정신적 에너지 총량이 기하급수적으로 늘어난다. 자격증 시험과는 차별화된다. 퇴근 후에 읽고 싶은 책을 사러 서점에 가보자. 평소에 관심 있던 분야의 책을 고르면 된다. 베스트셀러도 좋고 자기계발도 좋다. 물론 소설책도 좋다. 어떤 책이든 활자로 구성된 콘텐츠면 된다. 글자를 읽는 행위 자체가 의미가 있기 때문이다.

책 읽기와 글쓰기는
타이탄의 도구이다

글자는 당신의 뇌를 능동적으로 활용하게 만든다. 영상을 보게 되면 뇌를 쓰지 않게 된다. 하지만 글자를 읽는 그 자체만으로도 뇌는 활발하게 움직인다. 그리고 5분만 글쓰기를 해 보자. 책을 읽고 감명 깊었던 부분을 필사해도 좋다. 또는 하루를 정리하는 일기를 써 봐도 좋다. 무엇이든지 써 보자.

책 읽기와 글쓰기는 예민함을 다루는 데도 아주 탁월하다. 둥둥 떠다니는 잡생각들을 잡아낼 수 있다. 부정적인 생각도 덜하게 된다. 예민한 사람은 필연적으로 불안을 달고 산다. 하지만 책 읽기와 글쓰기는 그런 불안감을 잠재운다. 책 읽기와 글쓰기는 몰입을 해야만 가능한 지적 활동이다. 딱 한 달만 이 습관을 유지해 보라.

예민한 사람은 책을 읽고 글을 쓰면서 활기를 되찾는다. 그리고 예민함을 다루게 된다. 궁극적으로 추구해야 할 변화는 당신이 진정 원하는 바를 찾고 당신답게 사는 것이다. 책 읽기와 글쓰기는 그 험난한 과정을 도울 타이탄의 도구인 셈이다.

예민함이 나만의 무기가 되도록

예민해서 우울할까,
우울해서 예민할까?

내가 자주 듣던 말이다. 예민한 사람은 자주 우울감을 느낀다. 불편한 상황이 지속되면 급속도로 기분이 저하된다. 이런 상태가 지속되면 우울감을 느낀다. 그런데 한 가지 의문이 든다. 예민해서 우울한 걸까, 아니면 우울하니깐 예민하게 반응하는 걸까?

당신은 예민한 사람인가? 만약 본인이 예민하다고 느끼고 있다면, 예민한 게 맞다.

예민해서
우울한 게 맞다

예민하기 때문에 우울할 가능성이 높다. 왜일까? 예민함은 외부 자극에 취약하기 때문이다. 나는 예민한 사람이지만, 시끄럽고 힘든 노동을 하는 곳에서 많이 일해 봤다. 내 성향상 절대로 하고 싶지 않은 일들이었다. 당연하게도 그런 일은 오래 하지 못했다. 예민하다고 해서 일을 소홀히 하지는 않았다. 나는 책임감을 가지고 최선을 다했다.

최선을 다했지만, 나에게는 안 되는 일이었다. 나는 사람들과의 관계가 가장 힘들었다. 일 때문에 쏟아져 들어오는 외부 자극도 힘들었지만, 더불어 인간관계까지 나를 괴롭혔다. 직장 동료가 잘못한 것이 아니라, 내가 이상한 놈이었다. 직장동료나 선배가 아무런 의미 없이 내뱉는 말과 행동에도 과하게 반응했다.

즉 혼자서 판단 내리고, 혼자서 상처받는 뻘짓을 하고 다녔다. 그러니 일의 효율은 떨어지고, 스스로 힘들어서 아무 이유도 없이 직장을 그만둬 버리는 것이다. 주변에서는 "갑자기 왜?"라는 반응이 대부분이었다. 이런 상황이 반복되다 보니 사회 부적응자가 된 것 같아 우울감이 들었다. 이런 악순환은 한동안 지속됐다.

예민한 사람들은 환경 설정이 중요하다

예민한 성향이라면, 예측 가능한 환경에서 일하는 것이 좋다. 큰소리가 나지 않고 조용한 환경에서 예측 가능한 일을 해야 한다. 이런 일에서 예민한 사람들은 진정한 능력을 발휘한다. 예를 들면 번역가, 작가, 크리에이터, 예술가, 프리랜서 등 자신의 역량을 발휘할 수 있는 일이면 된다. 이는 모두 혼자서 일을 하거나, 비대면으로 협력하여 성과를 낼 수 있는 일들이다.

나는 글을 쓸 때가 가장 행복하다. 주변에 출판 계약 소식을 알리자 대부분의 반응은 이러했다.

"글 쓸 시간이 있었어?"

맞다. 누가 보기에도 나는 글 쓸 시간이 없던 사람이었다. 그런데 사람들이 모르는 사실이 하나 있다. 나는 개인적인 욕망을 포기하고 글 쓰는 데만 시간을 썼다는 것이다. 모임에 나가거나, 친구를 만나거나, 이성을 만나서 즐겁게 술을 마시거나, 게임도 하지 않았다. 일을 하면서 남는 시간에는 글을 쓰고 책을 읽는 것에만 집중했다. 가끔은 부모님조차 "안 힘들어?"라는 말을 하실 정도였다.

솔직히 고백하자면, 고통스럽다. 그런데 나는

글을 쓰면서 나를 찾아가고 있다. 내가 진정 원하는 일을 찾은 것이다. 나는 글쓰기를 통해 세상과 소통한다. 글이라면 자신 있게 쓸 수 있다. 작가가 되고 싶었고, 그 꿈을 이루어 내겠다는 열망도 있다. 앞으로도 나는 글을 통해 독자들과 소통하고 싶다. 글쓰기만큼 의미가 있으면서도 나와 딱 맞는 일도 없다. 그래서 나는 글쓰기를 사랑하게 되었다.

글쓰기는 예민한 사람들에게 딱 맞는 일이다. 조용한 환경에서 해야 되며, 예측 가능하다. 불필요한 자극 또한 없다. 빈 백지와 펜만 있다면, 새로운 세계가 창조된다. 예민한 사람은 세상을 바라보는 관점이 조금 다르다. 그래서 불편한 게 많을지도 모른다. 이런 불편함과 고통스러운 경험을 글로 써 풀어내면, 나름 좋은 작품이 탄생한다.

당신이 예민하여 고통스럽고 우울하다면, 환

경을 바꿔 보는 것도 좋은 전략이다. 즉 자신이 진정 원하는 것이 무엇인지 진지하게 묻고 대답하는 시간을 가져야 한다는 뜻이다. 포기만 하지 않는다면, 분명 좋아하면서도 잘하는 일을 찾아낼 수 있다. 특히 예민한 사람들은 자신이 잘하면서도 좋아하는 일을 찾는 데, 최선을 다해야 한다. 그래야 스트레스를 덜 받고 오래 살 수 있기 때문이다.

예민한 사람들은 성향상 고통과 불안을 자주 느낀다. 이로 인해 스트레스를 많이 받는다. 이는 곧 신체가 무너지는 결과로 이어진다. 온몸에 염증이 난다거나, 피부병, 허리 통증, 두통 등 다양한 병에 시달린다. 오래 살고 싶다면, 예민한 사람은 반드시 천직을 찾아야 한다. 나 또한 천직을 찾아가는 과정 중에 있다.

예민함을
이용하는 법

　나의 친형은 예민함과는 거리가 있는 사람이다. 즉 형과 나의 성격은 양극단에 서 있다 말할 수 있을 정도로 정반대이다. 형은 무던함을 넘어서 무심함에 가까운 사람이다. 형이 자주 하는 말이 있다. "뭐? 뭐야. 그게 뭔데? 몰라."이다. 놀랍게도 나의 친형은 매우 성공했다. 나는 형의 무던한 성격이 중요한 성공 요소 중 하나라고 생각한다.

　분명 형을 싫어하는 사람들도 있었을 텐데, 형은 특유의 여유와 무던함으로 적조차 자신의 편으로 만드는 재주가 있었다. 형의 영업 능력은 정말 배우고 싶을 정도로 뛰어나다. 그래서 형은 젊은 나이인데도 불구하고 성공을 했다. 현재도 자신의 전문 분야에서 높은 사회적 위치를 유지하고 있다. 나는 형이 자랑스럽지만, 왜 나는 형처럼 하지 못

할까 비교하며 괴로울 때도 많았다.

다만 신께서 나에게 예민함을 주신 이유도 분명 있을 거라 생각했다. 형의 무기는 능글맞은 성격과 잘생긴 외모였다. 잘생기고 말까지 잘했다. 잘생긴 사람이 싹싹하게 말도 잘하니, 고객분들이 형을 신뢰했다. 나의 무기는 무엇일까? 바로 예민함이었다. 나는 예민함을 갈고닦아 글쓰기에 활용했다. 내가 형보다 잘하는 것은, 예리함을 무기로 한 글쓰기였다. 형과 나는 세상을 바라보는 시선이 다르다. 나는 세상의 모든 지식과 경험을 흡수하려고 애쓴다. 예민함은 이것을 돕는다.

외부 자극에 민감하다는 것은 흡수가 빠르다는 뜻도 된다. 나를 내려놓고 타인에게 관심을 돌리자 이는 강력한 무기가 되었다. 사람들을 돕고 싶다는 진심 어린 마음과 예민함이 결합되자, 마구마구 글감이 쏟아졌다. 예민한 센서를 이용해 위험

을 미리 방지하고 사람들에게 도움이 되는 정보를
세상에 뿌리자고 마음먹었다.

예민한 사람들은 오갈 데가 없다. 누구에게도
이해받지 못한다. 다만 이해받으려고 노력할 필요
는 없다. 자신의 기질을 이해하고 받아들이는 것이
더 중요하다. 자신을 이해했다면, 그 예민함을 긍
정적인 방향으로 발전시킬 필요가 있다. 당신의 예
민함은 누군가에게 영감을 주는 글이나 영상, 또
는 작품이 될 수도 있기 때문이다. 도대체 신은 불
편하기만 한 예민함을 왜 당신과 나에게 주신 걸
까? 아무짝에도 쓸모없을 거 같지만, 전혀 그렇지
않다.

예민한 사람만이 할 수 있는 일들이 있다. 세상
을 섬세하게 관찰하고 표현하는 것은 예민한 사람
들만의 특권이다. 예민한 사람이 마음먹고 자신의
표현력을 단련한다면, 아름다움을 넘어 경이로운

마음까지 들게 하는 작품이 탄생한다. 당신이 예민하다면 이를 사용해 사람들을 즐겁게 하거나 도움이 될 만한 정보를 만드는 것에 집중해야 한다. 그것이 우리가 예민함을 가지고 태어난 이유이자, 선행을 베풀어야 하는 이유이다.

예민한 사람의 인생 난이도가
지옥인 이유

예민한 사람은 감정 기복이 심하고 새로운 환경이나 스트레스 상황에 취약하다. 정신과적인 용어로는 예민한 사람을 신경증적인 기질을 가지고 있다고 표현하기도 하는데, 전체 인구의 15~20%가 이런 기질을 가졌다고 한다.

예민하다고 해서 단점만 있는 것은 아니다. 작은 일에도 신경을 많이 쓰기 때문에 위험으로부터 자기 자신을 보호한다. 뭐든지 준비를 많이 한다.

그렇기에 적응적인 측면도 있다. 그러나 예민한 사람은 인생을 살아가는 데 있어서 보통의 사람들보다 더 많은 에너지가 드는 것은 사실이다.

준비할 것도 많고 스트레스를 쉽게 받기 때문이다. 이런 이유로 인생 난이도가 급상승한다. 남들은 쉽게 하는 일도 예민한 사람은 자꾸 어렵고 힘이 든다. 그래서 자기혐오, 자기 연민, 자신감 부족, 자존감 하락이라는 디폴트를 이겨 내면서 꾸역꾸역 인생을 살아가야 한다. 그렇다면 예민한 사람은 이대로 인생을 포기해야 할까? 아니다. 자기 계발과 꾸준한 관리를 통해 충분히 극복이 가능하다.

이런 특징을 가지고 있다면
예민한 사람이다

예민한 사람은 감정 기복이 심하다. 너무 쉽게

변화하는 감정 때문에 일상생활에 지장을 받는다. 대부분 외부 자극과 스트레스로 감정 기복이 심화된다. 스스로 제어가 안 되어 쉽게 짜증을 내고 상황을 회피한다. 예민한 사람은 작은 지적에도 크게 상심하여, 하던 일을 그만두고 냅다 도망치기도 한다.

즉 예민한 사람의 감정은 중간이 없다는 말이다. 뛸 듯이 기뻐하다가 갑자기 우울해진다. 감정의 기복이 위아래로 치솟으며 꼬꾸라진다. 예민한 사람이 인생 난이도가 헬인 이유가 바로 여기에 있다. 예민한 사람은 너무 쉽게 감정의 소용돌이에 빠진다. 감정이 요동치는 사람은 신뢰받지 못한다. 예민해서 고립되고 신뢰받지 못한다. 그 결과 자존감이 하락된다. 악순환 고리가 완성된다.

예민한 사람이
자주 상처받는 이유

예민한 사람은 스트레스를 받는 역치가 남들보다 낮다. 보통 사람들은 아무렇지도 않은 자극에도 눈살을 찌푸린다. 대표적으로 시끄러운 소리나 사소한 터치에도 예민하게 반응하는 것이다. 자신이 허락하지 않은 모든 자극을 불편해한다. 또한섬세한 기질 덕분에 타인의 감정이나 표정을 쉽게잡아낸다. 민감성은 좋은 점도 있지만 약점이 되기도 한다.

예민한 사람에게 일부러 무례하게 구는 사람들이 있다. 무례하게 굴고선 "네가 너무 예민한 거아니야?"라는 프레임을 씌운다. 약점을 잡고서 이리저리 끌고 다닌다. 무던한 사람은 예민한 사람의기질을 이용하여, 자신의 뜻대로 부린다. 함부로굴고 타박하고 바보로 만들어 놓고 "네가 예민한 거 같은데?"라고 웃어넘긴다.

이런 행동을 하는 이유는 예민한 사람을 공격하고 조종하면서 자존감을 얻기 위해서다. 예민한 사람을 이용하여 자신은 우월감에 젖는다. 이런 비열한 짓을 하는 이유는 단순하다. 대체로 예민한 사람이 자신보다 능력이 뛰어나기 때문이다. 시기와 질투로 예민한 사람의 성향을 이용하고 깔아뭉개면서 자신의 자존감을 채우는 것이다.

인생 난이도를 낮추고 예민함을 극복하는 법

예민한 사람은 소시오패스의 먹잇감이 되기 쉽다. 예민한 사람은 감정이 얼굴에 금방 드러나서 조종하기 쉽기 때문이다. 예민한 사람은 쉽게 타인의 감정과 사상에 전염되기 때문에 소시오패스들은 멀리하는 게 좋다. 만약 실컷 조롱하고 괴롭힌 후에 "네가 예민한 거 아니야?"라고 말하는 친구나 동료가 있다면, 이렇게 되받아쳐라.

"아니? 내가 예민해도 너는 그러면 안 돼."

이런 식으로 하나씩 주변을 정리하고 나면, 이제 자기 관리만 남았다. 예민한 사람일수록 정돈된 일상이 필요하다. 자고 일어나는 시간을 일정하게 하고 낮에는 반드시 꾸준하게 햇빛을 봐 줘야한다. 스트레스를 받는다고 과음을 해서는 안 된다. 하루에 30분 정도는 산책을 돌면서 운동 루틴을 만들자. 책을 읽고 글쓰기를 하면서 몰입을 자주 경험하는 것도 좋다.

예민한 사람은 극단적으로 기분이 우울해질 수 있다. 그렇다고 해서 일상을 놓쳐서는 안 된다. 예민한 사람이 일상까지 놓치면, 우울증으로 빠지는 경우가 많기 때문이다. 그때는 정말 병원 치료를 받아야 한다. 약간의 우울감 정도는 예민한 사람도 자기 관리로 예방할 수 있다.

극단적으로 기분이 다운되고 우울해진다면, 극복하는 꿀팁이 있다. 평소에 자기 자신에게 보상으로 무엇을 주었는지 생각해 보자. 따뜻한 커피, 달콤한 초콜릿도 좋다. 기분이 극단적으로 우울해진다면, 망설이지 말고 기분 전환이 될 수 있는 '무언가'를 해야 된다. 평소에 영화를 보고 기분을 푸는 경향이 있다면, 만사 제쳐 두고 영화를 보는 것이다. 무엇이든지 자기 자신에게 도움이 되고 기분을 끌어올릴 수 있는 행위를 하는 것이 바람직하다.

반면 회피와 도피 행동은 예민한 사람을 더 힘들게 만든다. 밤새 고민하고 잠을 자지 않는 것도 도피 행동이다. 해결책이 없는 것을 알면서도 끊임없이 걱정하고 에너지를 낭비한다. 또는 술을 마시는 것도 나쁜 방법이다. 스트레스를 받는다고 술을 마시면, 그 순간에는 좋지만 다음 날에는 숙취와 우울감이 밀려온다.

　　제일 나쁜 습관은 방구석에서 나오지 않고 스스로를 가두는 행위이다. 대낮에도 커튼을 치고 방에 처박혀서 외출하지 않는다. 대표적인 도피 반응이다. 절대로 하지 말자. 예민한 사람은 자극을 피해 숨는 경향이 있다. 나 또한 예민하기 때문에 무슨 기분으로 도망치는지 잘 알고 있다. 그 기분이나 감정을 충분히 이해하나 회피하는 것은 좋은 방법이 아니다. 오히려 상황을 악화시킬 뿐이다.

　　일상의 건강을 유지하는 것이 중요하다. 아무리 우울해도 최소한의 행동은 할 수는 있다. 낮에 30분 정도 산책을 한다든지, 건강한 습관을 꾸준히 유지하는 것이 중요하다. 누구나 할 수 있으며, 힘든 일도 아니다. 자신만의 루틴을 지켜야 한다.

밤을 새더라도 일정한 기상 시간을 유지하는 것이 중요하다. 취침 시간은 생각보다 중요하지 않다. 일정한 기상 시간을 지키는 것이 훨씬 중요하다. 일정하게 일어나면 늦게 자더라도 상관없다. 기상 시간을 지키는 것을 목표로 삼으면 된다. 단순한 생활 루틴이 예민함을 극복하는 데 도움이 된다. 복잡하게 일상 루틴을 짜지 말고 심플하게 조절 가능한 루틴을 만들어서 실천해 보자.

저는 예민해서 사회 부적응자가 되었습니다

우리 집은 매우 가난했다. 내 인생은 가난으로 인해 초하드 모드였다. 그래서 나는 항상 사회에서 원치 않는 일에 휘말렸다. 그때는 몰랐지만, 지금에서야 내가 안 좋은 일에 자주 휘말린 이유를 깨달았다. 내가 나약한 사람이라 그랬던 것이다.

가난은 사람을 주눅 들게 만든다. 나는 개의치 않고 살아왔으나 타인들의 시선은 그렇지 않았다. 철없는 어린 시절, 우리 집을 은근히 무시하던 친구들이 많았다. 또한 굳이 말하지 않아도 어떤 일들이 벌어졌는지 독자분들은 아실 거라 믿는다.

특히나 비교문화가 심한 우리나라에서 가난은 죄였다. 나는 죄인이었다. 그리고 죄인은 그만큼의 대가를 치러야 했다. 엎친 데 겹친 격으로 나는 예민한 성향이었다. 사회에 적응하는 일은 쉽지 않았다. 스무 살 때 처음 아르바이트를 했었다. 그때 나의 예민함은 절정인 시절이었다. 당연히 여기저기 잡음이 끊이질 않았다.

나는 누가 봐도 사회 부적응자였다. 나는 예민한 성향과 가난한 환경이 맞물려 만들어진 괴물이었다. 그러나 내 인생을 포기하고 싶지는 않았다. 나는 결단을 내려야만 했다. 사회가 나를 받아주지 않는다면, 스스로 내 자리를 만들기로 한 것이다.

나는 미친 듯이 돈을 모으고 있다. 왜냐면 창업

을 하기 위해서다. 인간관계도 전부 포기하고 아등바등 살고 있다. 글을 쓰면서 나만의 방식으로 사회에 봉사하고 있다. 남들이 나를 아무리 짓밟는다 해도, 잡초처럼 일어났다. 왜냐면 나는 지켜야 할 것이 있기 때문이다.

악바리 정신으로 버티고 버틴 세월이었다. 내가 쓰러지면, 슬퍼할 가족을 생각하며 버틴 것이다. 나는 인간을 혐오하면서도 사랑한다. 아직 길지 않은 인생이지만, 내가 겪어 본 인간의 본성은 악마 그 자체였다. 하지만 사람은 사람을 통해서만 성장하며 기쁨을 느낀다.

나는 혐오주의자가 될 생각은 없다. 내가 겪은 사람에 대한 부정적인 경험들을 한데 모아, 글로써 승화시켰다. 내 경험을 글로 옮김으로써 누군가는 나같이 피해를 당하지 않기를 바랐다.

예민하다면
결국 창업하게 된다

예민한 성향인 사람이 조직 생활에 적응하기란 쉽지 않다. 그러나 예민하다고 해서 직장인이 못 되는 것은 아니다. 나 같은 경우에도 사회생활을 아예 못한 건 아니었다. 단지 스펙이 부족하고 뒷받침해 줄 경제적 지원이 없었을 뿐이다. 예민한 성격이라도 회사생활은 충분히 할 수 있다. 다만 예민한 성향이라면 지배받기보다는 지배하는 쪽이 훨씬 나을 것이다.

그래서 나는 지배하기로 마음먹었다. 창업을 하고 사장이 되려고 한다. 그래야 내 성향이 빛을 볼 수 있을 거라고 판단했다. 예민하다면, 결국 창업을 하게 되어 있다. 왜냐면 예민함은 조직에서 언제나 눈엣가시처럼 보이기 때문이다.

회사는 필연적으로 고분고분한 사람을 원하게 되어 있다. 예민한 사람은 툭 튀어나온 못 같은 존재이다. 그러니 언제든지 공격의 대상이 된다. 또한 예민한 사람이 권력이나 힘이 없다면, 원치 않는 상황에 자주 휘말린다. 관련도 없는 소문의 주인공이 된다든지, 모함을 당하고 회사생활을 위협받는 경우도 발생한다.

어찌 됐든 예민한 사람은 회사생활을 하면서, 자신만의 사업을 꾸려 나갈 준비도 동시에 해야 한다. 회사만 믿어서는 안 된다. 만약 회사가 구조조정을 한다면, 가장 말을 안 듣는 예민한 사람부터 내보낼 것이기 때문이다. 회사는 시키는 대로 잘 움직이는 부품이 필요하다. 그런 관점에서 봤을 때는 예민한 성향의 사람은 직장인으로서는 부적격하다.

당신은 예민한 성향인가? 그렇다면, 퇴근 후에

부업을 해 보거나 사업 준비를 해야 한다. 그것만이 예민한 사람이 살아남을 유일한 길이다.

사는 게 힘들고 지칠 때

선선한 바람이 부는 저녁, 나는 완전히 지쳐 버렸다. 발목, 무릎, 어깨 목 등 안 아픈 구석이 없었다. 온몸의 근육이 당기고 뭉쳐서 천천히 걷는 것도 힘이 들었다. 무거운 피로감이 짓누르는 하루였다. 나는 인생에 현타가 오고야 말았다.

"내가 왜 이렇게까지 하면서 살아야 되지?"

나는 모든 걸 집어치우고 잠적해 버리고 싶었다. 정말로 어디론가 떠나고 싶었다. 전부 지겨웠고 완전히 지쳐 버렸다. 나에게는 휴식이 필요했다. 그러나 나는 쉴 수 없었다. 마치 절대자가 나를 일부러 괴롭히는 것 같았다. 나에게는 외부 환경을 통제할 수 있는 힘이 없었다. 그것이 나를 더 비참하게 만들었다.

'내가 지금 하는 일이 아무런 의미도 없다면?'
'미래를 위해 희생한 오늘이 어쩌면 아무런 도움이 되지 않는다면?'
'현재의 즐거움을 모두 내려놓았지만, 어떤 성과도 달성하지 못한다면?'

나는 두려운 마음이 들기 시작했다. 마치 거대한 용이 코앞에서 불을 뿜어대는 듯 보였다. 두려움과 불안감이 한꺼번에 찾아왔다. 나는 미친놈처럼 혼자서 중얼거렸다. 하지만 이내 진정을 하고 숨을 깊게 들이마셨다. 호흡이 안정되는 것이 느껴지자 차분하게 생각할 수 있었다.

구글에 사는 게 힘들다고 쳐 보았다. 어째서 나는 예민한 성향을 가지고 태어났는지 궁금했다. 간절한 마음으로 해답을 찾아 헤맸다. 그러나 내 상황에 딱 맞는 해결법은 끝내 찾을 수 없었다. 나는 현실에서 도피하고 싶은 마음뿐이었다. 무엇 하나 내 뜻대로 되는 것이 없었다.

세상사가 내 뜻대로 되지 않는다는 것은 당연하다. 나는 그 사실을 알고 있다. 그럼에도 불구하고 신에게 투정을 부리고 싶었다. 어째서 나는 가혹한 환경에서 태어났는가? 그 환경은 어째서 내 삶에 끊임없이 영향을 주는가? 이 환경에서 비롯되는 문제들은 어째서 나를 지금까지 괴롭히는가? 어째서 나는 예민한 성향으로 태어나 제한이 많은 삶을 살아야 되는 것인가? 어째서 나는 외부 환경과 예민한 성향의 간극 때문에 고통받는가?

이 모든 문제를 안고 고민해 보았다. 그러나 딱히 답을 찾지 못했다. 그저 고통스럽더라도 무작정 버티거나 또는 도망가는 길밖에 없었다. 나는 심각하게 도피를 고려해 보기 시작했다. 그러나 도피는 더 큰 문제를 만들어낼 뿐이었다. 나는 버티는 수밖에 없다는 결론을 내렸다.

어깨가 무겁다면
올바른 인생을 사는 것이다

짊어질 것이 없는 인생은 덧없다. 책임을 지는 삶은 아름답다. 나는 그렇게 생각한다. 고통스럽고 힘든 삶을 살고 있다면, 잘 살고 있는 것이다. 누구나 책임에서 도망치고 싶을 때가 있다. 도저히 견딜 수 없을 정도로 스트레스를 받을 때 우리는 도망치고 싶어진다.

만약 도망친다면, 그 선택으로 인해 많은 것이 변한다. 책임을 버린다면, 권위와 보상 또한 잃게 된다. 또한 존중을 받을 권리를 박탈당한다. 즉 계속 도망치면서 살게 되면, 사회적으로 고립된다는 뜻이다. 이는 인간에게 있어서 가장 무서운 형벌이다.

반면 끝까지 맡은 바 최선을 다한다면, 주변에 인정을 받게 되고 그것은 곧 성과로 나타난다. 사람은 태어나서 죽을 때까지 인정을 받기 위해 고군분투한다. 그 노력은 실로 의미가 있다. 또한 책임을 지는 행동은 숭고하다.

성숙한 사람은 책임을 당연하게 생각한다. 무엇보다 어깨가 무겁고 삶이 힘들다면, 올바른 인생을 살고 있는 것이다. 그렇기에 나는 도망치지 않는다. 나는 내가 짊어질 책임을 알고 있다. 그것을 외면할 생각은 없다. 현재는 고통스럽지만, 평생을 고통의 늪에만 빠져서 살지는 않을 것이다.

신이 내게 주신 책임과 소명을 최선을 다해 완수할 것이다. 나의 가치 판단이 언젠가는 큰 의미와 보상으로 되돌아올 것이라고 믿고 있다. 나는 그렇게 굳게 믿으며, 오늘 하루도 해야 할 일을 묵묵히 수행한다. 내가 할 수 있는 일은 그것밖에 없다.

간절한 기도
나는 기도를 올렸다

신이시여 단 한 번의 기회만 주신다면, 그 기회를 놓치지 않고 최선을 다하겠습니다. 원하는 것을 얻더라도 초심을 잃지 않겠습니다. 겸손함을 잃지 않고 이웃을 사랑하며 돕겠습니다. 저에게 단 한 번만 기회를 주신다면, 선한 의지를 평생 동안 지키겠습니다. 신이시여 저에게 사람답게 살 수 있는 기회를 주세요. 간절히 기도드립니다.

나는 간절한 마음이다. 사람답게 사는 것이 목표이다. 나답게 살고 싶다. 자유롭게 사는 것을 추구한다. 내가 원하는 것을 이루고 바로 섰을 때, 지금보다 더 많은 사람들을 도울 수 있을 것이다. 고통스럽고 힘든 삶에서 조금이라도 숨 쉴 수 있는 틈이라도 주어진다면, 감사함을 잃지 않겠다.

당신 또한 삶이 괴롭고 힘들다면, 이 글을 통해 힘을 얻었기를 바란다. 내가 느낀 고통스러운 감정을 통해 당신의 아픔이 어느 정도 위로받는다면, 나에게 있어서도 매우 기쁜 일이다. 당신이 힘들다면, 잘하고 있는 것이다. 인생이라는 무거운 짐을 지고 나아가고 있는가? 그렇게 하고 있다면 당신은 이미 멋진 삶을 살고 있는 것이다. 당신은 아름다운 인생을 살고 있다. 무엇과도 바꿀 수 없는 멋진 삶이다. 남과 비교하지 말고 당신의 삶을 사랑하자. 나 또한 그럴 것이다.

남들보다 뛰어난 사람은
우울하다

고대 철학가 아리스토텔레스는 이렇게 말했다. "철학에서든 정치, 문학, 예술에서든 모든 뛰어난 인간은 우울한 것 같다."라고 말이다. 만약 당신이 우울하다면, 남들보다 뛰어난 사람일 수도 있다는 뜻이다. 다만 쾌락을 좇는 것이 아니라, 자신의 재능에 힘을 쏟는 삶이어야 한다는 전제 조건이 붙는다.

저급한 쾌락이란 무엇일까? 모든 행복의 원천

을 외부에서 찾는 행위를 뜻한다. 도파민 중독 상태를 의미한다. 외부에서 공급되는 향락의 요소가 차단되면, 그야말로 먹이가 끊긴 실험실의 생쥐 신세가 된다. 저급한 쾌락은 생각과 이성이 실종된 삶이다. 아무 생각 없이 자극만을 좇는다. 자신의 내면은 텅 비어 있다. 끊임없이 쾌락을 좇으면서도 채워지지 않는 욕망의 갈증이 반복된다. 쾌락을 최우선 순위로 삼고, 그것으로 인한 무기력과 우울감이 반복되는 패턴이 죽을 때까지 지속된다.

재능이 뛰어난 사람은 고독할 수밖에 없다

뛰어난 사람이 우울한 이유는 조금 다르다. 바로 고독 때문이다. 고통스러운 환경에 스스로를 몰아넣는다. 재능을 발휘하려면, 필연적으로 고통이 수반된다는 것을 알기 때문이다. 현실 세계는 가혹하다. 뛰어난 사람은 그 사실을 제대로 알고 있다. 그것으로부터 도망치지 않으려고 애쓴다. 이는 오히려 고독한 삶을 살게 되는 원인이 된다.

누구도 뛰어난 사람을 이해하지 못한다. 어째서 고통받는 삶을 선택하는지도, 스스로 고독하게 지내는지도 이해하지 못한다. 그래서 뛰어난 사람은 누구에게도 이해받지 못한다. 오롯이 뛰어난 의자와 정신력으로만 버틴다. 또한 그것을 발판 삼아 진정한 행복을 발현한다. 스스로 밝게 빛나는 태양과 같은 존재이다.

남들보다 뛰어난 사람은 우울감을 달고 산다. 왜냐면 타인으로부터 철저하게 고립되기 때문이다. 이들은 이성과 감정을 제대로 구분하고 계획한 대로만 움직인다. 충동적으로 굴지 않으려고 애쓰기 때문에 예측 불가능한 손실을 피할 수 있다. 시간과 비용을 자신의 재능에만 투자한다. 그로 인해

짧은 시간 내에 엄청난 성과를 달성한다.

우울하고 예민한 사람은 반드시 성과를 내놓는다

　우울하고 예민한 사람은 대체로 깜짝 놀랄 만한 성과를 빠르게 달성한다. 만약 당신이 우울하면서도 쾌락을 좇는 것이 아닌 자신의 재능을 갈고닦고 있는 사람이라면, 미래가 보장되어 있다고 말하고 싶다. 아리스토텔레스는 이런 말을 남겼다. "행복이란 바라던 바대로 성공을 거둘 수 있는 일에 종사하면서 도덕에 합당한 활동을 하는 것이다."라고 말이다.

　즉 타인을 편하게 또는 행복하게 해 주는 일에 종사하면서도 숙련된 기능을 가지게 되면, 내면의 부를 쌓을 수 있다는 뜻이다. 이는 하늘이 당신에게 주신 재능을 갈고닦음으로써 인류에 봉사하는 태도로 풀이할 수 있다. 이런 일이 가능하게 하려면 당신 주변에 득실거리는 비열한 인간들에게서 어느 정도 떨어져 있어야 하는 운명을 받아들여야 한다. 그렇기에 고립으로부터 오는 우울감은 필연적이다.

순간의 외로움으로 뛰어난 사람이 쾌락에 빠져 타락하는 것은 올바르지 못하다. 성과를 내놓으면, 분명 누군가는 당신이 만들어 낸 것들에 의해서 행복감을 느낄 수 있다. 이는 분명 가치 있는 일이다. 뛰어난 사람은 내면의 부를 쌓으려고 노력한다. 이는 절제와 절약이라는 형태로 나타난다.

뛰어난 사람이 절제하는 이유는 지독한 구두쇠라서가 아니라 외부 요소가 필요 없기 때문이다. 타인에게 인색한 것과 검소한 것이 다르듯이 뛰어난 사람은 그것을 정확하게 구분하고 있다. 자신에게 철저하지만, 타인에게 관대하다. 가족과 지인에게 쓰는 돈을 아끼지 않지만, 정작 본인은 검소하게 생활한다. 이것은 지혜로운 사람의 보편적인 특징이다.

절제와 절약은 내면의 부를 쌓는 가장 현실적인 방법이다. 검소한 생활을 함으로써 덕을 쌓고, 자신의 내면을 들여다볼 수 있는 기회가 생긴다. 외부 요소를 인위적으로 차단함으로써 얻는 이득은 크다. 이와 반대로 대외적인 이익을 얻기 위해 손실을 부르는 일은 대표적으로 부귀영화, 출세, 호화로운 사치, 명예를 위해서 자신의 안정과 여가를 희생시키는 일이다.

남들보다 감수성이 풍부하고 예민하여 시련을 더 고통스럽게 받아들이거나, 사물의 본질을 꿰뚫어 보면서 살고 있다면, 한 분야에서 재능이 뛰어날 확률이 높다. 그 재능을 숙련시키는 것이 우울감을 덜어 낼 수 있는 유일한 길이다. 또한 당신이 예민하여 우울하다면. 구체적인 최종 목적지는 정해져 있다. 바로 외부로부터의 독립과 자유로운 여가 생활이다.

예민한 성취주의자의 우울

나는 며칠 전 제주도 여행을 다녀왔다. 정말 오랜만의 여행이라 설렘이 가득했다. 하지만 제주도에 도착하자마자 마음이 공허해졌다. 나는 여행을 제대로 즐기지 못했다. 제주도의 풍경도 눈에 들어오지 않았다. 나는 왠지 모를 우울감에 휩싸였다. 이유를 알 수 없었다. 쉬는데도 마음이 편치 못했다. 나는 온전히 여행을 즐기지 못하고 있었다.

여행을 제대로
즐기지 못한 이유

나는 며칠이 지나서야 이유를 찾을 수 있었다. 바로 루틴 강박 때문이었다. 내가 매일 지키는 루틴이 있다. 글쓰기, 걷기, 책 읽기, 맨몸 운동이 대표적이다. 여행을 갔기 때문에 이것을 지키지 못했다. 그래서 불안에 휩싸인 것이다. 나는 예민하면서도 성취주의자의 삶을 살고 있다는 생각이 들었다. 성취주의자는 현재의 이득을 포기하고 미래를 위해 사는 사람을 뜻한다. 즉 현재는 고통스럽지만, 원하는 목적지에 도달하면 행복해진다는 믿음을 가진 사람이다.

나는 성취주의자가 정답인마냥 살고 있었지만, 최근에 들어 생각을 바꾸게 되었다. 그 계기가 있었는데, 심한 번아웃이 왔기 때문이다. 갑자기 없던 공격성이 생기고 드문 드문 마음에서 불길이 치

예민함이 나만의 무기가 되도록

솟았다. 나는 현재를 너무나 많이 희생하고 있었다. 그리고 꿈꾸던 미래는 오지 않을지도 모른다는 불안감이 나를 짓눌렀다.

현재와 미래가 불투명하고 고통스러운 나날들이 이어졌다. 그런 상태에서 여행을 떠나 봤자 해결되는 건 없었다. 그래서 제주도에 가도 불안해하며, 글쓰기를 하고 싶어졌다. 운동을 못 해 뒤처지는 기분이 들었다. 맛있는 음식을 너무 많이 먹어서 체중이 불어날까 불안해했다. 나는 정말 혼란스러웠다.

예민한
성취주의자의 우울

예민한 사람은 성취주의자가 되기 쉽다. 의미 있는 것을 좇다 보니 자연스럽게 현재를 희생하고 미래를 위해 사는 것이다. 예민한 사람에게 현재의 즐거움이란 그저 허울 좋은 쾌락에 불과하다. 그렇기에 현재의 즐거움에 고개를 돌려 버린다.

자신을 희생자 역할로 몰아넣는 경우도 있다. 누군가를 위해 헌신한다거나 뒷바라지를 자처한다. 그러면서 타인이 만족하면, 본인 자신의 만족감을 넘어 우월감을 느낀다. 이는 예민한 사람이 미움받는 원인이 되기도 한다. 모두 불행한 성취주의자의 행동 패턴들이다.

이런 삶을 살다 보면, 분명하게 우울해진다. 번아웃이 온다. 몇 년 전 나는 철학, 심리학, 인문학, 자기 계발의 책들을 두루 읽으며, 행복에 관한 공부를 했었다.

그리고 나는 현재를 희생하고 미래를 대비하는 것이 행복의 지름길이라는 결론을 내렸다. 실제로 행동으로 옮기며, 4년을 그렇게 살아왔다. 그러나 어느 순간 고대했던 꿈을 달성했어도 허무함이 밀려왔다. 열심히 살았지만 길을 잃은 듯했다.

나는 분명 이 길이 맞다고 들어섰지만, 틀렸다는 직감이 들었다. 나는 형용할 수 없는 두려움이 들었다. 그리고 방향을 전면 수정해야겠다는 생각이 들었다. 더 이상 현재를 반납하는 고통스러운 성취주의자로 살고 싶지 않았다. 나는 다시 태어나야 했다.

재미와 의미를 동시에 추구하는 행복주의자

나는 하고 싶지 않은 일도 열심히 하다 보면, 분명 의미가 생길 거라고 생각했다. 그러다 보면 행복해질 거라고 믿었다. 내가 그런 순진한 생각을 한 이유는 어릴 때부터 그렇게 교육받았기 때문이다.

"열심히만 살면 된다."라는 말을 자주 들으면서 살았다. 내 주변 어른들의 일관적인 가르침이었다. 그러나 열심히 노력하는 삶은 답이 아니었다. 열심히 사는 어른들은 모두 불행해 보였다. 그분들은 적성에 맞지도 않는 힘든 노동을 하고 나서 술을 잔뜩 퍼마시고 고주망태가 되는 것이 행복의 전부였다. 그것은 내가 원하는 삶은 아니었다.

많은 시간 일하는 것이 답이라고 생각해 왔지만, 그것도 아니었다. 일에 들이는 노동 시간과 고통이 정비례하여 성공이나 돈으로 연결되지도 않았다. 그렇기에 나는 재미와 의미를 동시에 추구할 수 있는 일이 미래에도 큰 성공을 가져다줄 거라고 믿는다. 내 성향을 무시하고 무지성으로 노력하는 일은 시간과 비용만 낭비하는 꼴이 된다.

오랜 시간 돌아왔지만, 이제는 알게 됐다. 재미와 의미를 동시에 추구해야 한다는 진리를 말이다. 돈, 명예, 권력은 행복의 기준이 될 수 없다는 결론도 내렸다. 진정한 행복의 기준은 생각보다 단순했다. 오직 나만이 할 수 있는 일을 해야 하며, 그 일이 재미와 의미까지 가져다 주어야 한다. 어려운 미션이지만, 못할 것도 없다.

전 세계에 행복학 열풍을 일으킨 '긍정심리학' 교수, 탈 벤 샤하르의 말이 떠오른다. 샤하르 교수는 '산 정상에 오르는 과정'이 행복이며 '목적지를 향해 가는 여행을 즐길 수 있어야' 오래도록 행복할 수 있다고 했다. 산 정상에 '도달'하거나 산 주위를 '목적 없이' 배회하는 게 행복이 아니라는 거다. 즉 삶에 목표를 두기는 하되, 목표나 성취 그 자체를 행복으로 여기기보다는 목표를 이루어 가는 과정 자체를 즐기는 사람이 행복할 수 있다는 뜻이다.

나 역시 예민한 성취주의자에서 섬세한 행복주의자로 성장하기 위해 노력하고 있다. 과도한 노동이 행복을 보장해 주지 않는다. 진정한 행복은 나를 알아 가는 과정에서 찾을 수 있다. 우리는 모두 마땅히 그래야 한다.

2장

예민한 사람의 슬기로운 인간관계

인간관계에 극심한 피로감을 느끼나요

민감한 사람들은 공통적으로 배려 깊고, 수용적인 사람이 되려고 노력한다. 하지만 이런 특성들로 인해서 자기 문제를 남에게 떠맡기려는 사람들에게 많은 관심을 받게 된다. 소시오패스이거나 책임감이 없고, 허세가 있는 사람들은 민감하고 예민한 사람들을 좋아한다. 민감한 사람들은 대부분 있는 그대로 사람을 바라보려고 노력하기 때문에 그들에게 좋은 먹잇감이 된다.

예민하고 민감한 사람들이 대부분 관계의 끝이 좋지 못한 이유가 소시오패스들과 관계를 맺기 때문이다. 예민한 사람들은 가끔 순진하다는 평가를 받기도 하는데, 사람을 있는 그대로 바라보고 믿기 때문에 그런 평가를 받는 것이다. 실제로 민감한 사람들 중에서는 능력이 좋고 머리가 좋아도 평화주의적 사상 때문에 그 빈틈을 뚫고 들어오는 소시오패스들에게는 무력해진다.

당신의 시간은 유한하다. 대화를 하고 남의 이야기를 들어주는 것도 시간과 비용이 든다. 그렇기에 사람들의 성격 유형을 현명하게 판단해야 한다. 이 사람이 진심인지, 아니면 심심풀이 땅콩으로 당신을 가지고 노는지 분별해야 한다는 뜻이다.

예민한 사람들은 내성적인 경우가 많아서 반대 성향의 사람들에게 매력을 느끼곤 한다. 특히 자신감이 넘치고 당당해 보이는 사람들에게 거부

할 수 없는 매력을 느낀다. 그런데 그 자신감이 진짜인지 허세인지 구별할 필요가 있다.

허세라면 당신에게 악영향을 끼치기 때문에 관계를 맺지 말아야 한다. 왜 그럴까? 이유는 단순하다. 허세를 부리고 자신을 과대 포장하는 사람의 내면에는 뿌리 깊은 열등감이 자리 잡고 있기 때문이다. 그 열등감은 주변을 파괴시킬 정도로 고약한 감정이다.

열등감은 시기와 질투를 촉발시키는 감정이다. 열등감이 강한 사람은 상대가 자신보다 잘 나가는 꼴을 보지 못한다. 특히 평소에 자신보다 아래라고 느끼고 있던 친구라면 더 그렇다. 어떻게든 친구의 평판을 깎아내리거나 비열한 짓을 하더라도 끌어내리려고 할 것이다.

친했던 친구가 갑자기 돌변하는 이유도 이 때

문이다. 평소 자신감 넘치고 당당했던 친구는 당신에게 시기와 질투를 느끼면서 누구보다도 악랄하게 당신을 공격할 것이다. 왜냐면 당신은 자신보다 뛰어나면 안 되기 때문이다. 이런 사람은 주변을 망치고 본인 자신도 망가진다. 허세는 한계가 있다. 진짜 자존감이 높고 자신감이 있는 사람들은 굳이 열등감을 가지고 타인을 괴롭히지 않는다. 그렇기에 당신은 현명하게 사람을 구별할 줄 알아야 한다.

허세가 가득한 사람의 눈빛은 어딘가 모르게 불안하고 공허하다. 입은 웃고 있지만 눈은 흐리멍덩하다. 진짜 자신감을 가진 사람은 눈빛에서 강한 기운과 반짝거림이 보인다. 즉 눈만 봐도 강직하고 단단한 느낌을 받는 것이다.

책임감 없고 남 탓하는 사람은
되도록 피하자

예민한 사람들은 책임감이 투철하다. 그래서 도움을 요청하면 최선을 다해서 도와준다. 그런 성향을 노리고 접근하는 부류들이 있다. 바로 소시오패스들이다. 그들은 자신만을 위해서 사는 인간들이다. 그렇기 때문에 예민한 사람은 좋은 먹잇감이 될 수 있다.

소시오패스들은 대개 자신의 정체를 숨긴다. 그리고 건실하고 성실한 사람인마냥 연기를 하지만, 현실은 게으르고 남 탓만 하는 인간들이다. 책임을 전가하고 빈대처럼 살기를 바란다. 그런 사람들이 제일 좋아하는 먹잇감이 바로 책임감이 강하고 예민한 사람들이다.

소시오패스들은 예민한 사람들의 성향을 이용

해 자신의 노예로 만든다. 예민한 사람들이 뭘 좋아하는지, 싫어하는지 알기 때문에 잘해 줬다가 냉정하게 구는 것을 반복하며 빠져나가지 못하게 울타리를 만든다.

소시오패스들은 자신들이 원하는 갑을의 관계가 완성됐다고 판단되면, 자신의 진짜 모습을 보여 준다. 예민한 사람들은 그때도 자신 탓을 하면서 본모습으로 돌아온 소시오패스를 갱생하겠다는 오만한 생각을 가진다.

그 점 또한 소시오패스들은 이미 알고 있다. 본모습과 다정한 모습을 왔다 갔다 하면서 희망과 절망을 선물한다. 그리고 예민한 사람을 완전히 자신의 노예로 만든다. 예민한 사람이 가지고 있는 에너지가 바닥이 날 때까지 이 패턴은 끝나지 않는다.

소시오패스들은 그런 예민한 사람의 마음을 아주 잘 알고 있으며, 활용할 줄도 안다. 가끔은 동정심을 불러일으키고 자신을 도와달라는 뜻한 뉘앙스를 풍기는 것도 이 때문이다. 예민하고 민감한 사람들은 타인의 감정에 잘 이입되기 때문에 소시오패스들의 연기에 홀딱 넘어가 시간과 비용을 전부 빼앗긴다.

나 또한 10년간 그런 사람들에게 눌러싸여 시간과 자원을 낭비했다. 서른 살이 넘어서 그들의 울타리를 발로 부수고 나올 수 있었다. 그런데 더 무서운 것은 내가 스스로 관계를 파괴한 것이 아니라는 점이었다. 그들이 먼저 나에게 이빨과 본색을 드러낸 것이다. 나는 그것을 알아챘을 뿐이다. 나는 아직도 섬뜩하다. 그들에게 낚여 낭비한 세월이 무려 10년이다.

그렇기에 이런 글을 꾸준히 쓰고 있다. 단 한

분이라도 나쁜 인간관계를 청산하기를 바라는 마음에서다. 섬세하고 예민하다면, 분명 이런 인간관계를 하고 있거나 거쳐 왔을 것이다. 나는 괴로운 인간관계를 끝내고 지금 여기에 있다. 만약 당신 또한 괴로운 인간관계를 맺고 있다면 당장 끊어 내는 것이 옳다.

예민한 사람들이 더
상처받는 이유

사회생활을 하다 보면 억울한 일들을 많이 겪게 된다. 말 같지도 않은 이유로 모함을 당할 수도 있고 이간질로 친했던 동료와 사이가 멀어질 수도 있다. 이런 이유로 인간관계가 힘들어 퇴사하는 사람들도 많다. 당신은 진심으로 상대방을 대했는데 배신을 당할 수도 있다. 이렇듯 살다 보면 다양한 관계 속에서 지치고 상처받기 일쑤이다.

특히 예민하고 섬세한 사람은 관계에서 더 큰

스트레스를 받는다. 나 또한 예민한 성격으로 힘든 나날을 보내왔다. 다만 멘탈이 흔들릴 때마다 좌절했다면 우울증에 빠지거나 무기력증으로 허송세월을 보냈을 것이다. 나는 이 방법을 통해 예민한 성격을 조정하고 멘탈을 지킬 수 있었다. 당신도 멘탈을 관리하고 내면 깊숙이 박힌 상처를 치료해야 한다. 세상에 맞서 씩씩하게 살아가려면 강한 멘탈이 필요하다.

누구나 상처받기를 두려워한다

상처받으면 아프다. 실제로 마음의 병도 신체에 영향을 끼친다는 연구 결과가 있다. 상처를 안 받는 일이 최선이지만 살아가다 보면 상처받는 일이 부지기수다. 중요한 것은 누구나 상처받기를 꺼리고 두려워한다는 점이다. 상처를 받으면 사람마다 다르게 반응한다.

어떤 사람은 그 자리에서 화를 낸다. 화를 주체하지 못하고 돌이킬 수 없는 실수를 하거나 폭력을 행사하기도 한다. 이는 최악의 방법이다. 또 어떤 사람은 마음속에 상처를 품고 썩힌다. 그리고 나중에 폭발하여 상대방에게 손절을 선언한다. 상대는 다 지나간 일로 그런다며 쪼잔한 사람으로 몰아세우며 서로 원수지간이 된다.

예민하고 섬세한 사람들이
유독 더 상처받는 이유

앞서 예민하고 섬세한 사람들이 더 상처를 받는다고 이야기했다. 예민한 사람들은 상대의 표정과 말투에 민감하게 반응한다. 여기서 문제가 발생한다. 아무리 예민하고 섬세한 사람이라도 100%

상대의 마음을 꿰뚫어 볼 수 없다. 상대가 갑자기 표정에 변화가 생기더라도 꼭 당신 때문은 아니라는 사실을 인지해야 된다.

갑자기 배가 아플 수도 있고 안 좋은 일이 생각났거나 걱정거리가 있을 수도 있다. 그 순간에 하필이면 당신이 옆에 있었을 수도 있다. 자신이 상대의 마음을 꿰뚫어 볼 수 있다는 오만을 버려야 한다. 예민함을 버리고 대범하게 생각하고 행동해야 한다.

예민함은 관계를 유지하는 데 방해만 된다. 과한 예민함은 상대를 피곤하게 만들 뿐 아니라 자기 자신까지 피해를 준다. 예민함을 자제하고 섬세함을 유지하여 상대방을 적당하게 배려하는 습관을 만들어야 한다. 과한 배려는 오히려 상대방에게 부담을 준다. 적당함이 중요하다. 이는 사회 경험을 통해서 적당함을 배울 수 있다. 상대가 부담을 느끼지 않는 배려가 정확히 어떤 기준인지는 경험을 통해서만 체득할 수 있다.

당신이 예민함을 버렸다면 상처를 덜 받는다. 하지만 무례한 사람들은 존재하기 마련이다. 대놓고 무례하게 구는 사람에게 받는 상처는 예민함과는 관계가 없다. 누구나 무례한 사람에게 상처를 받는다. 생각보다 우리는 무례한 사람을 자주 만난다. 그럴 때마다 상처를 받고 세상을 저주한다면 당신만 손해이다.

우리는 의연한 마인드를 가져야 한다. 상대방과 똑같이 무례하게 굴면 당장은 속이 시원할지 몰라도 주변에 원망을 사게 된다. 그래서 제일 좋은 방법은 그 자리에서 정중하게 무례함에 대해 지적하는 것이다. 하지만 이미 상처를 받고 감정이 격양된 상태로 평정심을 유지하는 일은 쉽지 않다.

착한 사람들을 위한
관계 사용 설명서

착한 사람들이 관계로부터 상처를 받고 정신과를 자주 찾는다는 글을 책에서 본 적이 있다. 정신 병원에 입원해야 되는 인간들은 버젓이 사회생활을 하며 떳떳하게 살아간다. 씁쓸하지만 받아들일 수밖에 없는 현실이다. 당신이 착한 사람이라는 평을 자주 들었다면 조금은 못되게 굴 필요도 있다.

곧이곧대로 상처를 받아들이지 말라는 뜻이다. 당신의 단점이 진짜라고 해도 말이다. 고집을 피워도 괜찮다. 당신이 소중하다는 사실을 잊어서는 안 된다. 완벽한 인간은 없다. 당신의 단점을 지적하는 사람도 완벽하지 않다.

인간은 불완전한 존재다. 그래서 함께 살아가

야만 하는 존재이다. 그런데 당신의 단점을 굳이 신경 쓸 필요가 있을까? 개선시킬 수 있는 단점이라면 개선하면 된다. 단순하지 않은가? 통제 불가능한 단점들은 무시하고 당신이 가지고 있는 장점을 개발하면 된다. 그게 더 효율적이다.

세상에 단점만 있는 사람은 없다. 장점과 단점이 함께 공존한다. 선과 악이 공존하는 것처럼 말이다. 우리는 장점을 부각해 살아가면 된다. 상대가 단점을 지적하고 무례하게 군다면 "그래서 어쩌라고?"라고 말해 주자. 그건 너 생각이고 나는 나름대로 열심히 산다고 말해 주자.

무례한 사람들에게
삶을 내어 주지 말 것

무례한 사람들은 약점 탐지기들이다. 상대의

약점을 찾아 굳이 입 밖으로 꺼내고 갈등 상황을 즐기는 자들이다. 이런 인간들의 조언을 진지하게 받아들인다면 그들이 원하는 대로 당신이 질질 끌려다닐 수밖에 없다. 이런 부류의 사람들과 어울리지 않는 것이 최선이지만 계속 만나야 하는 경우도 있을 수 있다.

만약 그들이 이상한 소리를 한다면 무시하거나 그냥 웃어넘기자. 당신이 옳다. 이 사실을 잊지 말자. 신이 아닌 이상 당신에게 하는 조언은 참고만 하면 된다. 어느 누구도 신의 경지에 도달해 조언을 할 수는 없다. 그들로부터 자존감을 지키고 이 세상을 당당히 살아가자. 당신은 그래도 된다. 착하고 선한 당신은 그럴 힘을 가지고 있는 이해력과 포용력을 가지고 있다.

소시오패스를 구별하고 판단하여 멀리하자. 인간은 완벽하지 않다는 점을 기억하자. 당신에게 상처를 주는 사람도 결국 인간이다. 어느 누구도 이 세상을 완벽히 이해하는 인간은 존재하지 않는다. 당신이라는 우주는 고유한 특성을 지니고 있다. 관계를 맺는다는 것은 독특한 세계관들이 서로 만나 생각과 감정을 교류하고 유희를 즐기는 과정이다. 그 과정 중에 스스로 변화하는 경우는 있지만 상대가 당신을 바꿔 놓을 수는 없다.

착하게 살면 참아야 되는 일이 많다. 하지만 당신이 걷고 있는 길은 의미 있는 길이다. 무례하게 굴고 공감하지 않는 삶은 너무나 쉽다. 그 길 끝에는 파멸뿐이다. 당신은 상대의 감정을 배려하고 공감하고 이해한다. 그래서 어렵고 힘들다. 그 길 끝에는 충만하고 의미 있는 삶이 기다리고 있다. 당신은 잘하고 있다. 배려하고 공감하는 일은 긍정적이다. 하지만 악마와의 타협은 없다.

예민한 사람들을 위한 거절 연습

예민한 사람들은 거절을 두려워한다. 거절을 하게 되면 비난과 원망을 받을 거 같다는 느낌이 들기 때문이다. 그래서 예민한 사람은 자신의 시간을 잡아먹는 제안을 거절하지 못하고 이리저리 끌려다니기 일쑤이다. 남들보다 예민하고 섬세한 사람들은 어째서 거절하지 못하고 Yes맨이나 Yes걸이 되는 걸까?

그것은 지나친 배려심 때문이다. 예민한 사람

은 공감 능력이 뛰어나다. 그래서 타인의 감정에 깊이 공감하고 쉽게 이입한다. 그래서 친구의 간절한 부탁을 거절하기 어려운 것이다. 그 부탁이 자신에게 피해를 준다한들 일단 도와주고 보는 것이다.

나 같은 경우에도 거절을 못하는 사람이었다. 친구가 부탁하면 무조건 들어주었다. 중요한 일과가 있었는데도 친구가 어디 좀 같이 가자 그러면 거절하지 못하고 따라다녔다. 그런 시간들이 쌓이자 나는 점점 상황이 어려워졌다. 친구들도 나를 존중해 주지 않았다. 거절하지 못하고 이리저리 끌려다닌 대가였다.

제일 중요한 핵심은 바로 '시간의 중요성'이다. 인간에게 가장 공평하게 주어진 것이 있다면 바로 시간일 것이다. 시간은 중요하고 또 중요하다. 시간을 함부로 타인에게 내주어서는 안 된다. 시간은 유한하며, 돈처럼 배수로 늘릴 수도 없다. 시간은 돈보다 가치가 높다. 그렇기에 예민하다면, 거절하는 연습을 더 자주 해야 한다.

거절한다고 해서 당신을 미워할 사람은 없다. 거절을 연습하기 위해서는 미움받는다는 두려움을 극복해야 한다. 예민한 사람들은 타인의 감정에 쉽게 공감하고 이입하다 보니 문제가 발생한다. 거절하는 연습은 자신의 예민함을 인정하고 받아들이는 순간부터 시작된다.

용기를 가지고 오늘부터 거절을 실행해 보자. No라고 말해 보는 것이다. 진정 자신이 원하지 않는다면 솔직하게 말해야 된다. 안된다고 싫다고 말해야 된다. 미안하다고 다음 기회에 보자고 말해 보자. 처음에는 어렵다. 그래도 의식적으로 노력하면 거절은 쉽게 할 수 있다.

막상 거절을 해 보면, 생각보다 큰일이 나지 않

는다는 것을 깨달을 수 있다. 거절을 한다고 해서 큰일은 일어나지 않는다. 생각보다 당신의 거절을 사람들은 크게 생각하지 않는다. "아 그렇구나~" 정도의 반응이다. 그렇기에 제안이 내키지 않는다면 거절을 해 보자.

모든 사람이
나를 좋아할 수는 없다

예민한 사람들은 미움받기를 극도로 두려워하는 성향을 가지고 있다. 그 내면에는 좋은 사람이 되고 싶은 욕망이 있다. 예민한 사람들이 거절을 못하는 이유도 '좋은 사람이 되고 싶다'라는 마음 때문이다. 즉 되도록이면 좋은 사람이나 욕을 먹지 않는 사람이 되고 싶은 것이다.

이는 '거절을 하면 안 된다'라는 생각이 깊은

내면에 자리 잡게 되는 원인이 된다. 거절이 나쁘다는 생각을 가지고 살면 안 된다. 거절을 해야 할 때는 해야 된다. 제안을 무조건 받아들이기만 한다면 쓸데없는 일에 너무 큰 에너지와 시간을 낭비하게 된다.

100% 사랑받는 일은 불가능하다. 열 명 중에 두 명은 나를 싫어하게 되어 있다. 어딜 가나 마찬가지이다. 잘 맞는 사람이 있는 반면, 죽어도 궁합이 맞지 않는 사람이 있다. 그럴 때는 피하는 게 상책이다. 누구에게나 사랑받고 싶다는 욕심을 내려놓는 순간, 거절도 쉬워질 것이다.

좋은 사람이 되려고
너무 애쓸 필요가 없는 이유

좋은 사람의 기준은 무엇일까? 그냥 단순히 남

에게 잘해 주면 좋은 사람이 될까? 좋은 사람은 인성과 품격이 높은 사람이다. 그렇기에 무조건 잘해 주는 것은 좋은 사람의 조건이 아니다. 오히려 미움받고 싶다면 모두에게 잘해 주면 된다.

착하지만 미움받는 사람의 특징이 바로 이것이다. 누구에게나 똑같이 평등하게 잘해 준다. 이를 반길 사람은 아무도 없다. 인간은 누구나 자신이 특별한 사람이기를 원한다. 그런데 남들과 똑같은 그저 그런 대접을 받는다고 느낀다면 공격받았다고 생각한다. 예민하고 착한 사람들은 누구에게나 공평하게 잘해 준다. 이런 행동은 오히려 인간관계에서 패착이 된다. 절대로 누구에게나 잘해 주면 안 된다. 당신과 잘 맞는 사람에게만 잘해 주면 된다.

모두에게 잘해 주다 보면 인간관계에서 상처나 배신을 당할 확률이 올라간다. 이런 상황이 지속되면 관계에 대한 환멸을 느끼고 아무도 만나지 않게 된다. 그리고 사람을 잘 믿지 못하게 된다. 예민한 사람이 인간관계에서 상처를 받고 흑화를 하면, 히키코모리가 되기도 하는데 이런 이유 때문이다. 이는 예민한 사람들이 대인관계를 잘 풀어 나가지 못하면서 생기는 부작용 같은 것이다.

이를 해결하는 방법은 간단하다. 모두에게 잘 보일 필요가 없다는 사실을 깨닫기만 하면 된다. 예민한 사람만이 모두에게 사랑받으려고 애쓴다. 그럴 필요가 없는데도 안쓰러울 정도로 노력한다. 예민하지 않은 사람들은 미움받더라도 그다지 신경 쓰지 않는다. 왜냐면 그것이 자연스러운 현상임을 알기 때문이다. 예민한 사람들은 대개 착하고 평화주의적 성향 때문에 함부로 남을 미워하지 않는다. 게다가 공감 능력까지 뛰어나 타인의 감정에 쉽게 동조한다.

쉽게 마음을 다치고, 쉽게 마음을 준다. 그렇기에 항상 상처받는 쪽은 예민한 사람이다. 여기서 중요한 핵심은 "모두에게 사랑받을 필요는 없다."라는 점이다. 이 사실을 깨닫는다면 거절은 굉장히 자연스러운 행동이 된다. 마음 가는 대로 거절을 해 보자. 거절을 한다고 해서 세상은 무너지지 않는다. 만약 거절했는데 미움받는다면 그러라고 냅두면 된다. 왜냐하면 미움받는 일은 하늘에서 빗방울이 떨어지듯이 자연스러운 현상이기 때문이다.

함부로 연을 맺지 마세요

　예민한 당신은 사람들을 만나고 나서 자주 현타를 느끼는가? 금방 피곤해지고 에너지가 고갈되는가? 그렇다면 한 번 주변을 점검해 볼 필요가 있다. 당신의 에너지를 빨아먹는 뱀파이어와 관계를 맺고 있는지 말이다.

　당신이 예민하다면, 반드시 알아야 할 진실이 있다. 인간관계를 맺고 끊는 데 있어서 예민한 기질은 엄청난 에너지를 써야 한다는 사실이다. 예민한 사람은 태생적으로 넓은 인간관계를 맺는 게 어렵다. 왜 그럴까? 작고 사소한 신호조차 놓치지 않는 감각을 가졌기 때문이다.

예민한 기질은 전체 인구의 15~20%를 구성하고 있다. 이 비율은 깨지지 않고 유지된다. 이는 동물계에서도 똑같이 적용된다. 같은 종에서 15% 정도는 예민한 기질을 타고난 개체가 반드시 존재한다. 이런 점을 봤을 때, 자연계에서 예민한 기질은 반드시 생존에 필요한 요소임을 알 수 있다.

하지만 현대인들에게 있어서 예민함은 고통 그 자체이다. 문명의 발달로 생존에 위협을 받지 않게 됐지만, 일상생활에서 끊임없이 흘러들어 오는 자극들은 신경을 날카롭게 만든다. 외부자극에 민감하게 태어나 인생의 난이도가 급상승한다. 그래서 당신이 예민한 기질을 타고났다면, 어느 정도 요령을 부릴 줄 알아야 한다.

그 요령이란, 함부로 연을 맺지 않는 것이다.

예민한 사람에게 넓은 인간관계는 오히려 독이다

보편적으로 넓은 인간관계가 추앙받는다. 인맥이 넓다면 세상살이가 유리한 것도 사실이다. 하지만 예민한 사람에게는 오히려 독으로 작용된다. 왜 그럴까? 예민한 감각 덕분이다. 사람을 만나면 예민한 사람은 과도한 에너지를 쓰게 된다. 이는 스스로 제어가 되지 않는다.

그냥 뭔가 보이고 느낀다. 이를 통제하려고 했을 때, 외면하려고 할 때도 에너지를 사용한다. 좋든 나쁘든 인간관계에서 타인보다 훨씬 더 많은 에너지와 의지를 사용해야 된다. 사람을 많이 만난다면, 정작 중요한 일은 하지 못하는 경우도 발생한다.

이런 이유로 예민한 사람은 함부로 연을 맺지 말아야 한다. 오히려 고독을 즐겨야 한다. 또한 가리고 선별해서 사람을 선택하여 만나야 한다. 당신은 느낄 수 있다. 이 사람은 정말 신뢰할 수 있겠다는 느낌을 말이다. 사회의 시선 따위는 버려라. 당신이 맺고자 하는 사람의 성격을 봐야 한다. 따뜻하고 강인한 성격을 가진 사람과 연을 맺어야 한다.

만남 이후, 찜찜하지 않다면

누구나 이런 경험이 한 번쯤은 있었을 것이다. 관계를 맺고 이어 가는 도중에 알 수 없는 찜찜함을 느끼는 경험 말이다. 만남 이후에 기가 빨리고 뭔가 이질감이 느껴진다면, 이는 관계의 적신호이다. 이 신호를 무시하면 대가를 치르게 된다. 당신의 직감을 믿어야 한다. 그 직감은 뇌의 무의식에 저장된 방대한 통계 데이터를 기반으로 보내는 신호이다. 그러니 무시해서는 안 된다.

그럼 도대체 누구를 만나야 할까? 솔직히 고백하자면, 예민한 사람은 타고나기를 인맥을 넓힐 수 없다. 만약 억지로 무리하게 인맥을 넓히려고 노력한다면, 개인의 성장은 포기해야 할 것이다. 에너지 레벨이 아무리 높아도 예민하다면, 금방 에너지가 바닥나기 때문이다.

예민한 기질은 마치 쓸데없이 강력한 고출력 엔진과도 같다. 골목길에서도 부앙 소리를 내면서 달려가는 스포츠카 같은 성질이 바로 예민함이다. 예민함을 다루기 위해서는 절제와 제어가 필요하다. 이는 관계에서도 통용된다. 골목길처럼 배배

꼬인 사람들은 피하고, 고속도로처럼 시원시원한 사람들과 관계를 맺어야 한다. 예민한 당신은 스포츠 카이기 때문이다.

즉 꼬이지 않고 따뜻한 사람들과 어울려야 한다는 뜻이다. 그래야 예민성을 조금이라도 극복할 수 있다. 그런 사람들과 어울리다 보면, 당신은 좀 더 편하게 마음을 표현하고 타인의 관심과 호감도 수용할 수 있다. 어떻게 구분할 수 있을까?

만남을 가진 후에 찝찝한 기분이 들지 않는다면, 그 사람은 좋은 사람일 확률이 높다.

좋은 사람은 언제나 같은 태도로 당신을 대할 것이다. 기분에 따라 당신을 하대하지도 않을 것이다. 성실하고 긍정적인 생활 패턴을 유지할 것이다. 이런 사람과 어울려야 한다. 그런 사람과 연을 맺는다면, 존귀한 황금을 얻는 것과 같다.

예민하지만 사랑은 하고 싶어

갑자기 마음이 공허해질 때가 있다. 혼자 있어도 괜찮을 거라고 생각했지만 불쑥 외로움이 덮쳐올 때가 있다. 이 외로움은 어떤 짓을 해도 메워지지 않는다. 언제나 영감을 주었던 일들도 이제는 다 지겹다. 그리고 주변을 둘러본다. 행복해 보이는 커플들이 보인다. 그리고 혼자 있는 내가 보인다. 갑자기 마음이 우울해진다.

지나가는 바람처럼 외로움이 찾아올 때가 있

다. 예민하지만, 혼자 있어도 괜찮지만 연애가 하고 싶을 때가 있다. 어릴 때는 혼자서도 잘 살 수 있다고 호언장담하기도 했었다. 그러나 나이가 들수록 그런 생각은 점차 누그러지고 마음이 잘 맞는 파트너가 있으면 좋겠다는 생각이 든다. 이런 생각이 드는 것은 자연스러운 현상이다.

내가 예민한 사람인지
궁금하다면

예민한 사람은 혼자서도 잘 논다. 실제로도 힘든 일도 혼자서 척척 해낸다. 누군가에게 기대거나 의지하는 것을 매우 싫어하기 때문이다. 혼자서 모든 일을 처리하려고 하다 보니 시간도 힘도 많이 부족할 때가 많다. 예민한 사람이 여유가 없어 보이는 것도 이런 이유 때문이다.

예민한 사람은 연애를 시작하는 일도 어렵지만, 사랑을 유지하는 것은 더 어렵다. 왜 그럴까? 예민하기 때문이다. 예민한 사람은 전체 인구의 15~20% 정도이다. 타인보다 민감성이 높은 사람을 전문 용어로 HSP라고 부른다.

민감성은 소수집단이다. 그러니 예민한 사람들은 어릴 적부터 대인관계에 어려움을 느낀다. 그리고 자신이 예민하다는 것을 스스로 잘 느끼지 못한다. 타인이 말해 주기 전까지는 자신이 예민하다는 것을 모른다. 일단 스스로가 예민한 성격인지 확실하게 알아야 한다. 그래야 사랑하는 사람과 대화를 통해 예민성을 잘 극복할 수 있다.

자신이 예민한 성격인지 알고 싶다면 9쪽의 간단한 테스트 문항으로 체크해 보자.

예민한 사람이
연애가 어려운 이유

예민한 사람은 연애할 때도 예민하게 군다. 상대방이 잘 받아 주면 문제가 없지만, 대부분 사람들은 피곤해한다. 민감함이 지나치면 자신조차 피곤해한다. 그런데 남이라면 어떻겠는가? 이런 문제를 받아들이고 사랑하는 파트너와 예민성과 민감도를 조절할 필요가 있다.

지금 썸을 타고 있거나 아님 연애를 하고 있다면 상대방과 대화하는 것이 중요하다. 행복하고 아늑한 연애는 대화를 통해 완성된다. 예민한 사람들은 연애를 할 때 파트너가 자신을 어떻게 생각하는지 고민한다. 그리고 원하는 만큼의 관심도와 반응도가 없으면 상대에게 서운해한다. 그리고 자신한테 조금 더 관심을 가져 줬으면 좋겠다고 생각한다. 여기서 조금씩 관계가 틀어진다. 예민한 사람은 상대방을 잘 챙겨 주는데, 막상 상대는 무심하게 굴기 때문에 싸우게 된다.

상대방은 예민한 사람의 행동을 잘 기억하지 못한다. 그래서 속으로 '얘가 왜 이러나' 하고 생각한다. 그러면서 더 크게 싸운다. 이는 결국 관계의 단절로 이어진다. 예민하지만 사랑이 하고 싶다면, 어쩔 수 없이 예민한 사람이 더 노력해야 한다. 싸움의 원인은 상대방이 아닌 나 자신에게 있기 때문이다.

너무 멀어지면 '나를 싫어하나?'라고 생각하고 너무 가까우면 부담스럽다. 나도 예민한 성격이지만 나 자신이 이해가 되지 않을 때가 많다. 관계가 너무 멀어지면 '나를 싫어하나'라고 생각한다. 반면 너무 가까이 다가오면 부담스럽다. 예민한 사람은 자신만의 기준이 너무 명확해서 문제가 된다.

예민한 사람은 어느 정도 거리가 중요하다. 너

무 가까우면 부담을 느끼고 도망간다. 너무 멀어지면 금방 관계를 포기한다. 이런 이유 때문에 인간관계가 좁아지고 만나는 사람만 만나게 된다. 새로운 사람을 만날 의향이 없을 뿐 아니라 자신의 민감하고 예민한 성격을 맞춰 줄 사람이 적다는 사실도 알고 있다.

예민한 사람은 대인관계가 미숙하다. 상대방에 대해서 너무 큰 고민과 관심을 가지고 있기 때문이다. 무던하게 넘어갈 줄도 알아야 되는데, 그게 잘 안된다. 예민하다면 자신의 민감성을 조금 놓아줄 필요가 있다. 이는 의식적인 노력으로만 가능하다.

만약 파트너가 예민한 사람이라면 "너 너무 까탈스러워, 예민해."라는 말을 하는 대신에 "이러한 부분에서 서운해? 내가 잘 몰라서 그러는데 불편한 부분이 있다면 얘기해 줘."라는 구체적인 협상과 대화가 필요하다. 지속적인 노력으로 예민성을 극복할 수 있다. 예민하여 상대에게 서운함을 느끼는 일은 일정한 패턴이 있기 때문에 대화를 통해 충분히 해결할 수 있다.

예민한 사람과 연애를 하고 싶다면 너그러워야 한다. 그리고 예민한 사람도 무작정 파트너에게 서운해해서는 안 된다. 예민한 사람도 예민한 성향을 인정하고 파트너를 위해 노력해야 한다. 서로가 노력하면 굉장한 시너지를 내는 것이 또 예민한 사람의 특성이다.

예민하지만 사랑을 하고 싶다면, 자신의 성향을 받아들이고 파트너와 깊은 대화를 자주 해야 된다. 자신의 진심을 입 밖으로 꺼내기 전까지는 당신의 마음을 상대는 절대 알지 못한다. "왜 내 마음을 모르지?"라고 생각하면 안 된다. 오로지 진실한 노력과 대화를 통해서만 사랑을 발전시키며, 오랫동안 유지할 수 있다.

소시오패스가 유독
치명적인 이유

　예민한 사람은 생각이 많다. 그래서 소시오패스들의 먹잇감이 되기 쉽다. 일단 그들이 예민한 사람을 어떻게 다루고 포섭하는지에 대해서 알아야 한다. 그들은 자신의 욕구와 재미를 위해 타인을 이용하고 냉정하게 착취한다. 그런 점에서 예민한 사람은 매우 다루기 쉬울 뿐만 아니라, 자신에게 헌신하는 종으로 만들기 쉬운 특성을 가지고 있다.

　예민한 사람은 외롭다. 소시오패스들은 그 점

을 정확히 파고든다. 예민한 사람의 마음을 이해해주는 척 공감하고 행동한다. 예민한 사람은 자신의 마음을 알아주는 소시오패스에게 빠져들 수밖에 없다. 여기서 의문점이 하나 들 것이다.

"근데 연기까지 하면서 예민한 사람을 괴롭히는 이유가 있나요?"

그들은 타인을 조종하고 제멋대로 행동하기 위해 그런 수고를 마다하지 않는다. 그들이 그런 행동을 하는 이유는 정신적 성숙도가 매우 낮기 때문이다. 몸은 성인이지만 정신 연령은 청소년기에도 못 미친다는 뜻이다.

소시오패스의 정신 연령은 7~12세에 멈춰져 있다

어른이 되어서도 정신 연령이 성장하지 못하

면, 소시오패스나 심리조종자가 될 확률이 높다. 이는 과학적으로도 밝혀진 사실이다. 그들은 어떤 특징을 가지고 있을까? 보통 허황된 소리를 자주 한다거나 비이성적인 행동을 자주 하기도 하지만, 이런 특징을 겉으로 표현하지 않는 경우도 많다.

이들은 교묘하게 자신의 마음을 숨긴 채 예민한 사람에게 접근하여 자신의 종으로 만든다. 자신의 추악한 속내와 의중을 철저하게 숨기고 세상 둘도 없는 친구인 척 연기를 한다.

그러다가 예민한 사람의 마음을 장악했다는 판단이 들면, 돌연 냉정해지고 싸늘해진다. 그러면서 잘해 줬다가 외면하는 패턴을 반복한다. 그런 소시오패스의 어중간한 태도에 예민한 사람은 혼란을 겪는다. 그럴수록 소시오패스에게 더 헌신적으로 군다.

"과거에는 정말 친절했잖아. 분명 힘든 일이

있을 거야. 전부 내 탓이야. 내가 더 잘하면 될 거야." 예민한 사람은 이런 식으로 생각하게 된다. 그러나 이는 잘못된 생각이다. 소시오패스는 예민한 당신을 이용하고 착취하기 위해 어설픈 가스라이팅을 하는 것이다.

밑 빠진 독에 물 붓지 말자

인간 세상에는 불변의 법칙이 하나 있다. 성경에서는 황금률이라고 부르고 심리학에서는 상호성의 법칙이라고 부른다. 상호성은 주고받는다라는 뜻이 내포되어 있다. 즉 내가 상대에게 10을 주면 5 정도는 되돌려 받아야 관계가 유지된다는 말이다.

그러나 소시오패스들은 교묘하게 핑계를 대면

서 당신에게 아무것도 내어주지 않는다. 왜냐고? 당신을 그저 자신의 하수인 정도로만 생각하기 때문이다. 당신이 10을 주고서 아무것도 받지 못했다면, 그 관계는 잘못되어 있을 확률이 높다.

착하고 예민한 당신은 또 헛다리를 짚는다. "그래 내가 더 잘하면 언젠가 알아줄 거야." 절대 아니다. 그들은 당신을 착취하면서 히죽거리고 있다. 그들에게서 최대한 멀리 떨어져야 한다. 당신의 마음을 알아주는 날은 절대 오지 않는다. 결국 파국만이 기다리고 있을 뿐이다.

파국 뒤에는 소시오패스에게 모든 에너지를 빨리고 일어설 힘조차 생기지 않을 수도 있다. 나는 10년간 그들과 함께 지냈다. 그들은 바뀌지 않을 뿐 아니라, 성장하지도 않았다. 그들을 구원할 수도 없었다. 그들은 정신 연령이 매우 낮기 때문에 자신이 잘못됐다는 생각조차 하지 못한다. 그저 예민한 당신을 괴롭히면서 얻는 우월감을 자위 삼아 살아갈 뿐이다.

예민한 당신은
그들에게서 벗어나야 한다

생각이 많고 예민하다면, 소시오패스의 가스라이팅은 매우 치명적이다. 가뜩이나 예민한 사람은 삶을 살아가는 것이 팍팍하지 않던가? 어째서 주변 사람들까지 당신을 존중하지 않는 것인가? 당신을 이용하기만 하는 친구는 없는 편이 훨씬 낫다.

"그 친구들까지 없으면, 저는 이제 친구가 아예 없어지는데요?" 이런 생각을 할지도 모른다. 나 또한 그랬다. 그러나 두려움을 이겨 낸다면, 더 밝은 미래가 기다리고 있음을 기억해야 한다. 당신이 예민하다면, 이미 알고 있을지도 모른다. 그들이 당신을 착취하고 이용만 한다는 사실을 말이다. 또한 당신을 전혀 존중하고 있지 않음을 말이다.

끊어 내라. 당장 그들에게서 멀어져라. 그들은 당신을 놓아주지 않으려고 발악을 할지도 모른다. 당신이 좋아서 그러는 게 아니다. 착각하지 말자. 그들은 장난감을 잃어버릴까 봐 두려워서 그렇다. 당신은 그저 조종하기 쉬운 장난감에 불과하다. 그들의 정신 연령은 매우 낮기 때문에 누군가를 괴롭히지 않고서는 이 세상을 버틸 수 없는 패배자일 뿐이다.

예민한 사람은 수가 적으므로 당신만큼 최적의 장난감은 없다고 판단할지도 모른다. 당신을 좋아해서 붙잡는 것이 아니라는 뜻이다. 당신은 관계에 최선을 다하지만 아무것도 돌려받지 못한다면, 과감히 끊어 내라. 당신은 사랑과 존중을 받을 자격이 충분하다.

소시오패스들은 구원할 수 없다. 그러나 당신은 구원받을 수 있다. 당신 스스로의 결단으로 말이다. 예민하다면, 꼭 기억하자. 당신은 사랑받을 만큼 아름답고 멋지다는 사실을 말이다. 그들의 헛소리는 무시하라. 다시 한번 강조하자면, 당신을 사랑받아야 한다. 그리고 관계에 최선을 다했다면 모두 돌려받아야 마땅하다. 당신의 권리를 되찾아라.

엉뚱한 자들에게 헌신하지 말고 자신을 위해 살아야 한다. 당신은 구원받고 행복해져야 한다. 그리고 정신이 건강한 사람들과 관계를 맺고 선한 영향력을 발휘해라. 그것이 신께서 당신에게 예민함이라는 축복을 주신 이유이다.

사람들이 예민한 사람을 피하는 진짜 이유

예민한 사람은 타인의 의도를 함부로 추측하는 버릇이 있다. 이는 자신의 감각을 너무 믿는 바람에 생기는 안 좋은 습관이다. 설사 예민한 사람이 적중률이 높다 하더라도 함부로 추측해서는 안 된다. 왜 그럴까? 단순하다. 인간관계가 나빠지기 때문이다.

예민함이 부정적인 인식이 강해지는 이유는 바로 '함부로 추측하기' 때문이다. 상대방의 의도를 꿰뚫을 수 있다는 오만을 부린다. 그러나 우리는 상대의 마음을 100% 꿰뚫어 보기란 불가능하다. 그저 표면적인 정보로 판단할 뿐, 그 심연에 무엇이 도사리고 있는지는 알 수 없다.

인간은 자기 자신조차 무슨 생각을 하고 사는지 모르는 존재이다. 왜냐하면, 인간은 무의식에 지배당하기 때문이다. 누구나 의식과 무의식의 세계를 알 것이다. 보통 빙산의 일각으로 표현된다.

표면이 의식이고 깊은 물아래에 있는 커다란 빙산 덩어리들이 무의식이다. 무의식의 영향력을 표현하기에 빙산처럼 적당한 것이 없다. 그렇기에 당신이 바라보는 상대는 쉽게 추측할 수 있는 존재들이 아니라는 사실을 알아야 한다.

예민한 사람은
자신의 직감을 너무 믿는다

예민함을 상대의 단점을 찾는 데만 사용한다면, 재앙이 된다. 누구나 단점이 있고 못난 부분이 있기 마련인데, 예민한 사람은 이를 너무나 빨리 찾아내고 획일화한다. 이것이 앞서 얘기했던 예민한 사람이 인간관계가 나빠지는 이유이다. 누구나 자신을 꿰뚫어 본다는 느낌을 받으면, 기분이 나빠진다.

인간은 본능적으로 자신을 숨기는 경향이 있다. 특히 타인에게 자신을 보여 주지 않기 위해 애쓰는 사람에게는 예민한 사람은 그저 기분 나쁜 사람일 수밖에 없다. 다 안다는 듯이 미리 추측해 버리고 혼자 결정해 버리는 사람이 좋게 보일 리 없다.

이런 묘한 느낌을 주는 것은 예민한 사람의 특기이다. 예민한 사람은 자신의 직감을 너무 믿기 때문에 확신에 찬 평가를 내린다. 그러나 그 확신이 맞는다 할지라도 함부로 타인을 추측해서는 안 된다. 예민한 사람이 자주 하는 실수 한 가지 '타인을 함부로 추측하는 버릇'은 왜 하지 말아야 할까?

남의 의도를
함부로 추측해서는 안 되는 이유

일단 타인의 마음을 정확히 읽어 내기란 불가능하다. 어쩌다가 맞출 수는 있겠으나 인간의 마음이란 언제나 갈대 같다는 사실을 알아야 한다. 갈대처럼 이랬다가 저랬다가를 반복하기 때문에 예민한 사람의 추측은 언제나 틀린 것이 된다.

예민한 사람의 추측이 그 현장에서는 맞을 수

있으나, 다음 날에는 틀릴 수도 있다는 뜻이다. 그러니깐 사람은 언제나 심정의 변화가 있기 때문에 혼자서 결정 내리는 추측이 무의미하다는 말이다. 그 당시에는 기분이 나빴으나 다음 날에는 완전히 잊어 먹는 사람도 있다. 그 당시에는 기분 좋게 헤어졌으나, 심정의 변화로 갑자기 관계를 뒤엎는 사람도 있다. 인간은 통제할 수 없는 혼돈 그 자체라는 사실을 기억해야 한다.

예민한 사람은 과거에 머무는 자들이다. 과거에 있었던 사건에 집착하고 그것이 현실이라고 착각한다. 이는 인간관계를 망치는 습관 중에 하나이다. 타인이 원하는 바를 파악해서 배려하는 일은 좋으나, 의도를 파악하여 통제하려 하거나 자신을 방어하기 위해 미리 철벽을 치는 일은 좋지 못하다.

예민함을
섬세함으로

예민한 사람은 겁이 많다. 쉽게 상처받는다. 이 글을 읽으면서도 상처받았을지도 모른다. 나도 그 심정을 충분히 이해한다. 왜냐하면 나도 예민한 사람 중 한 명이기 때문이다. 그러나 예민한 사람을 위해 글을 쓰는 한 사람으로서 하고 싶은 말이 있다. "예민함을 섬세함으로 바꾼다면 탁월함으로 가치 전환이 가능하다."이다.

예민함은 축복이다. 그런 예민함을 타인의 단점만을 찾고 심리 방어에만 사용한다면, 낭비가 된다. 예민함을 내면세계로 돌리고 섬세함이라는 강력한 무기로 탈바꿈해야 된다. 예민함을 섬세함으로 바꿀 수만 있다면, 인간관계는 원활해지고 애인이 생기고 가족 간의 관계도 훨씬 풍요롭게 변모할 것이다.

그럼 예민함을 어떻게 섬세함으로 바꿀 수 있을까? 단순하다. 창조적인 일에 몰입하면 된다. 예민함이 극도로 치닫는 이유는 에너지 방향성이 타인에게 향해 있기 때문이다. 상처받고 싶지 않아서 자신을 지키고 싶기 때문에 그렇다. 타인보다는 나 자신에게 몰입해야 한다. 예민함을 이용하여, 작품을 만들고 창조적인 일을 하면 여유가 생긴다. 내면이 점차 튼튼해진다.

또한 타인이 당신을 해코지할 이유가 없다. 설령 그런 의중을 보인다면, 예민한 당신은 금방 알아차릴 것이고 기분이 나빠지게 된다. 그 직감을 믿고 거리를 두면 될 일이다. 그렇기에 과거에 상처받았던 경험 때문에 새로운 기회마저 발로 뻥뻥 차 버려선 안 된다. 당신은 상대가 어떤 의중을 가지고 있든 간에 호의로 대해야 한다.

만약 상대가 당신의 예민한 성격을 이용해 가

스라이팅을 시도한다면, 그것은 상대의 잘못이지 당신 잘못이 아니다. 그런 상대가 있다면, 적절한 방식으로 대응하면 된다.

그렇기에 당신이 예민한 성격을 타고났다면, 어렵겠지만 창의적이고 몰입할 수 있는 일을 찾아야 한다. 타인에 대해 마음을 열어라. 세상을 탐험하고 맛보고 즐겨라. 예민함은 외부 자극에 민감할지 몰라도, 작은 일에도 크게 감동할 수 있는 축복을 선사한다.

당신의 예민함은 저주가 아니라 축복이다.
그러나 예민함을 저주가 아닌 축복으로 바꾸는 일은 당신만이 할 수 있다.

예민하다면
일단 피해야 할 사람의 특징

예민하다면, 반드시 피해야 할 유형이 있다. 바로 교활한 사람이다. 왜 피해야 될까? 예민한 사람은 나이가 들수록 좁고 깊은 인간관계를 맺을 수밖에 없다. 만약 예민한 사람이 교활한 자와 깊은 인간관계를 맺게 된다면, 머지않아 파멸을 맞는다.

예민한 사람이 교활한 자와 인연을 맺게 되면, 관계에서 고립되거나 교활한 자의 꼭두각시로 평생을 이용당하면서 살 것이다. 교활한 자들이 예민한 사람을 왜 좋아하는지 아는가? 예민한 사람은 감정 표현이 풍부하여 약점을 파악하기 쉽기 때문이다. 그들은 사회화된 소시오패스들이다. 내면을 깊숙이 파고들면, 분명 문제가 있는 사람이지만, 겉으로 보기에는 매력적인 사람처럼 보인다.

예민한 사람은 교활한 자의 겉모습을 보면서 사랑에 빠지거나 복종할 수도 있다. 그러나 자신이 가진 자원과 시간을 강탈당한다는 것을 깨닫지 못한다. 사회화된 소시오패스들은 교활하다. 그들은 예민한 사람이 무엇을 원하는지 그리고 어떤 것을 욕망하는지 제대로 알고 있다.

당신의 욕망을 채워 주면서 조금씩 마음을 장악해 나갈 것이다. 그리고 완전히 넘어왔다고 판단이 들면, 밀고 당기기를 하면서 당신의 애간장을 태운다. 그리고 예민한 당신은 과거에 친절했던 교활한 자의 가면을 생각하며, 더 잘해 주지 못한 자신을 탓할지도 모를 일이다.

교활한 자들은
예민한 사람의 약점을 쥐고 흔든다

이들은 대체로 소시오패스 성향을 가지고 있으며, 똑똑하고 교활하다. 겉으로 자신의 폭력성을 드러내는 자들은 오히려 구별해 내기 쉽다. 그러나 가면 뒤에 숨어 교활하게 함정을 파는 유형의 사람은 예민한 사람에게 유독 위험하다.

예민한 사람이 강인해지려면, 일단 교활한 자들부터 떨쳐 내야 한다. 교활한 자들은 예민한 사람이 인간관계 폭이 좁다는 약점도 알고 있다. 교활한 자들은 예민한 사람의 약점을 이용해 죄책감을 들게 하거나, 고립시키면서 공격할지도 모를 일이다. 동시에 회유와 달콤한 보상을 주면서 어르고

달랠지도 모른다. 예민한 사람은 쉽게 감정이 밖으로 표출되기 때문에 교활한 자들에게 이용당하기 쉽다는 점을 반드시 인지하고 있어야 한다.

반드시 피해야 할
교활한 자의 네 가지 특징

교활한 자는 어떤 특징을 가지고 있을까? 첫 번째 특징은 지나친 자기애이다. 우리는 누구나 나르시시즘 성향을 가지고 있다. 그러나 교활한 자는 지나치게 자신을 사랑한다는 특징이 있다. 자신은 너무나 소중하기 때문에 다쳐서도 남들보다 뒤쳐서도 안 된다는 마인드를 가지고 있다. 교활한 자의 모든 악행은 지나친 자기애에서 비롯된다.

교활한 자의 두 번째 특징은 자신의 이익을 위해 수단과 방법을 가리지 않는다는 것이다. 이를 마키아벨리즘이라고 부른다. 만약 올바르지 않은 방법으로 이득을 취하거나 약자에게 함부로 구는 모습을 보인다면, 교활한 사람일 확률이 높다.

세 번째 특징은 모임이나 조직에서 여왕벌이나 대장놀이를 하는 사람이다. 교활한 자들은 언제나 남들보다 우위에 있어야 하기 때문에 매력적인 모습으로 자신을 포장하는 경우가 많다. 그렇기에 교활한 사람에게 예민한 사람은 언제나 좋은 먹잇감이 된다. 예민한 사람만큼 쉽게 다룰 수 있는 유형도 없기 때문이다. 자신을 추앙하게 만들고 호구로 만들어 이용한다.

네 번째로는 시기 질투가 극도로 심하다는 특징이 있다. 이들은 앞서 설명한 지나친 자기애로 인해 남에 대한 질투심이 병적으로 강하다. 잘 지내다가도 갑자기 돌변하는 이유가 바로 이것 때문이다. 교활한 자들은 평소에 대외적인 가면 뒤에 숨어 있지만, 넘치는 질투심을 주체 못 할 때가 있다. 그들은 질투가 나면, 수동적 공격을 가하거나 또는 질투를 나게 한 대상을 유인해 함정에 빠트리기도 한다. 모든 공격이 수동적이기 때문에 애매한 경우가 많다. 그래서 의심이 가는 상대를 항상 예의 주시하고 있어야 한다.

예민한 사람이
강인해져야 되는 이유

우리는 자신을 포장하는 위선자와 교활한 사람을 구별해 내고 강인한 사람과 교류해야 한다. 강인한 사람이 어떤 특징이 있는지 당신을 알아야 한다. 또한 당신 또한 강인해져야 한다. 강인한 사람은 두려움에 맞서 싸우며, 어떤 스트레스 상황에도 끈기와 침착함을 잃지 않는다. 그런 사람이 많아질수록, 우리 사회는 더욱 살기 좋아질 것이다.

남을 함정에 빠뜨리고, 자신의 이득을 위해 타인을 속이는 자들을 구별하고 멀리해야 한다. 소시오패스와 위선자는 일정한 패턴이 있다. 조금만 관심 있게 지켜봐도 그들은 금방 구분해 낼 수 있다. 당신이 해야 할 일은 단순하다. 당신이 강인한 사람이 되고 강인한 사람들과 교류하며, 협업하는 것이다.

예민함이 나만의 무기가 되도록

3장

예민함을 섬세함으로

예민함을 극복하는
단 한 가지 방법

예민한 사람은 피곤하다. 세상에 적응하기가 배로 힘들다. 왜 그럴까? 예민한 성향은 외부 자극에 취약하기 때문이다. 시끄러운 소리, 불쾌한 냄새, 좁은 공간, 인파가 몰리는 장소 등 다양한 환경이나 상황 속에서 스트레스를 받는다. 누구나 이런 환경에서는 스트레스를 받겠지만, 예민한 사람은 1.5~2배 더 스트레스를 받기 때문에 유독 힘들다는 뜻이다.

그래서 예민한 성향의 사람은 자신이 통제 불가능한 상황을 극도로 꺼려 한다. 외부 자극을 피하고 자신을 지키기 위해서는 어느 정도 통제가 가능해야 하기 때문이다. 즉 예민한 성향을 타고났다면, 외부 활동에 제약이 걸린다는 뜻이다. 예민한 사람은 사회생활에 있어서 불리한 조건을 타고난 것이다.

나 또한 그랬다. 단체 생활에 적응하는 일이 쉽지가 않았다. 특히 초등학생 시절 갔던 수련회는 나에게 있어서 지옥에 가까웠다. 수십 명이 모여 며칠을 함께 생활하는 것에 굉장한 스트레스를 받았었다. 사람에 따라 정도는 달랐겠지만, 개인의 공간과 개성을 무시하는 한국의 문화는 예민한 사람에게는 곤욕이었을 것이다. 왜냐하면 예민함을 겉으로 티 내는 것조차 허락받을 수 없기 때문이다.

예민한 사람의 삶은
안타깝고 슬프다

세계적인 작가이자 심리학자인 조던 피터슨 교수는 예민한 사람을 안타깝다고 표현했다. 그는 예민한 사람을 동정 어린 시선으로 바라보는 것이다. 그만큼 예민한 사람은 고강도의 노력 없이는 슬프고 어두운 인생을 살 수밖에 없다는 사실을 조던 피터슨 교수는 알고 있는 것이다.

예민함을 다른 단어로 표현하자면, 슬픔이라고 말하고 싶다. 예민함은 슬프다. 인간은 사회적인 동물로 설계됐다. 그런데 사람을 만날수록 예민한 사람은 지친다. 그러니깐 본능은 사람을 만나고 싶은데, 막상 만나면 힘들어진다는 뜻이다. 이게 무슨 신의 장난인 걸까? 예민한 사람은 자연스러운 본능대로 살고 싶어도 살 수 없는 것이다. 그것도 선천적 성향 때문에 말이다. (최근에는 예민함을 선천적 성향으로 바라보는 의견이 많아졌다.)

인터넷이나 책에는 예민함을 극복하는 방법에 대해 많은 정보가 나와 있다. 전부 도움이 되는 정보들이다. 그러나 막상 실생활에 적용하려면, 많은 용기와 의지가 필요하다. 하지만 못할 것도 없다. 지금부터 예민함을 섬세함으로 바꾸는 법을 공유하려고 한다.

의도적인 무시
배려와 친절

일단 예민한 사람은 자기 자신을 내려놓아야 한다. 예민한 사람은 자기 자신에 대한 생각이 너무 많고 집착한다. 그러다 보면, 세상이 어떻게 돌아가는지 흐름을 놓치거나 혼자 딴소리를 하게 될 수도 있다. 이는 소통의 단절을 불러온다. 사람들이 무슨 생각을 하는지 관심을 가지고 경청하는 습관을 가져야 한다.

여기서 주의할 점이 있다. 예민한 사람은 생각이 많아 자신만의 세계관에 갇히는 경우가 많다. 즉 타인의 의도를 오해하거나 또는 지레짐작한다는 것이다. 이는 이기적인 발상임으로 절대로 하지 말아야 한다. 자신에 대한 집착을 내려놓고, 상대방의 의도를 파악하지 않으려는 노력을 나는 '의도적인 무시'라고 표현한다.

나는 과거에 상대방의 말투와 행동을 파악하려고 애썼다. 아니 정확하게 표현하자면, 저절로 그렇게 됐다. 그러다 보니 지레짐작하는 경우가 많아졌다. 이는 특히 인간관계에서 독이 됐다. 뭐든지 적당함이 좋다. 애매하다고 판단된다면, 좋은쪽으로 생각하기로 한 것이다. 상대의 단점보다는 장점을 보려고 노력했다.

현재는 편안한 마음으로 사람을 대하게 됐다. 사람은 누구나 장단점을 가지고 있다. 단점 없는 사람은 없다. 예민한 사람이라면, 더욱 쉽게 타인의 장점을 찾아볼 수 있다. 이를 이용해야 한다. 당신이 예민하다면, 타인의 장점 찾기는 식은 죽 먹기일 것이다.

예민한 성향을 이용해서 좀 더 부드럽고 배려심 있게 행동할 수 있다. 눈치를 보는 것과는 다르다. 당신이 진심으로 타인을 배려하고 감사한 마음을 가지면 된다. 이런 경험을 자주 하다 보면, 마음이 편안해지는 느낌을 받게 된다. 내가 상대에게 어떻게 보일까 신경 쓰는 일이 줄어든다. 또한 예민함을 이용해 타인의 장점을 찾다 보면, 예민함을 장점으로 치환시킬 수 있다.

치환된 예민함을 나는 '섬세함'이라고 부른다. 즉 예민함은 상대나 스스로를 찌르는 무기가 될 수도 있지만, 주변 사람들과 나 자신을 지키는 방패나 모닥불이 될 수도 있다는 뜻이다. 섬세함은 상대의 장점을 찾는 것이다. 또한 위험한 상황을 미리 대비하거나 악한 사람를 멀리 할 수 있게끔 선별할 수 있다.

당신의 예민함은 타고난 축복이다

연구에 따르면, 예민함은 후천적으로 기를 수 없는 능력이라고 한다. 즉 타고나야 가질 수 있는 성향인 셈이다. 그렇기에 당신이 예민하다면, 축복을 받은 것이다.

하지만 당신이 이 글을 읽고 있다면, 분명 예민한 성향이고 문제가 있을 것이다. 그렇다면 타고난 성향을 잘 활용하는 수밖에 없다. 예민하다고 해서 혼자 살 수는 없다. 로마에 가면, 로마법에 따르라는 유명한 격언이 있다. 이는 어디에서나 통하는 진리이다. 우리는 인간으로 태어났고 사회에 적응해야 하는 의무를 가지고 있다. 그렇기에 당신 또한 예민함을 핑계 삼아 숨어서는 안 된다. 사람들과 잘 지내야 한다.

조직이나 단체 생활에 일부러 자신을 몰아붙일 필요는 없지만, 노력은 해 봐야 한다는 뜻이다. 당신의 예민함을 어떻게 사용하느냐에 따라 인생이 달라진다. 예민함은 자신과 타인을 찌르는 칼이 될 수도 있지만 어두운 밤을 안전하게 지켜 주는 따뜻한 모닥불이 될 수도 있다.

이제 선택은 당신의 몫이다. 스스로를 괴롭히는 예민함보다는 따뜻한 섬세함으로 주변을 지키는 모닥불이 되길 바란다.

예민한 사람이 살아남는 법

예민함은 부정적인 뜻으로 자주 쓰인다. 나는 어릴 때부터 예민하다는 소리를 많이 듣고 자랐다. 그래서 나라는 사람 자체가 문제가 있다고 생각했다. 아무리 애써도 예민함을 완전히 억누르는 것이 불가능했기 때문이다. 평소에는 큰 의지력을 써서 예민함을 봉인해 두었다 해도, 참을 수 없는 사건이나 상황 속에서는 어김없이 예민함이 불쑥 튀어나왔다.

예민함이 나만의 무기가 되도록

특히 한국에서는 예민한 남자는 더 배척당한다. 비교적 자유롭다는 서양에서도 예민한 남자는 이해받지 못하는데, 유교와 단체 문화가 특히 발달한 한국은 어떻겠는가? 그럼에도 불구하고 나는 부당한 일을 강요받을 때 항상 'No'를 외치곤 했다.

나는 수련회에서 혼자 'NO'를 외쳤다

초등학교 때 수련회를 간 적이 있다. 그 시절 조교들은 스무 살이 갓 된 풋내기들이었지만, 초등학생이었던 나에게는 무서운 존재였다. 나는 아이들이 조교들에게 점차 조련되고 있을 때, 혼자서 딴생각을 하고 있었다. "저 사람들은 얼마나 받고, 이 시골까지 와서 저런 일을 할까?"라는 생각을 자주 하곤 했다.

조교일은 딱히 재밌어 보이지 않았다. 말을 듣지도 않는 초등학생들을 지도하는 일이 얼마나 힘들겠는가. 그래서 그런지 조교들은 항상 화가 나 있었고 아무런 이유 없이 벌을 주곤 했다. 나는 눈에 띄지 않게, 언제나 조심스럽게 행동했다. 지옥 같은 2박 3일 과정이 끝나고 집에 갈 무렵, 조교들은 갑자기 착해졌다. 아이들에게 잘해 주고 미소를 띠며 행동했다. 아마도 조교일이 끝난다고 생각하니 기뻤으리라. 그런데 반에서 가장 우두머리 남자아이가 조교에게 선물을 해 주자며, 선동을 하기 시작했다. 나는 눈살을 찌푸렸다. 우두머리 남자아이는 갑자기 착하게 변한 조교가 썩 마음에 들었던 모양이다. 우두머리 아이를 중심으로 아이들은 찬동하며, 주섬주섬 용돈을 모으기 시작했다.

나는 혼자서 싫다고 말했다. 그리고 꽤나 반에서 미움을 받았다. 그 조교들은 다시 안 볼 사이였고 아이들을 잘 챙겨 주지도 않았다. 만약 2박 3일

수련회 과정이 즐거웠다면, 돈 모으기 운동에 동참했을지도 모른다. 그러나 나에게 있어 그 수련회는 끔찍했다. 맛없는 식사, 더러운 숙소, 냄새나는 이불, 서른 명이 넘는 아이들을 한 방에 욱여넣는 기행, 밤마다 순찰을 돌며 소리를 지르던 조교들, 이걸 도대체 왜 하는지 몰랐다. 나는 굳이 안 해도 되는 경험에 부모님이 돈을 냈다는 것도 억울했다. 또한 내 소중한 용돈을 지출할 생각도 없었다. 예민한 아이는 혼자서 반대로 했다. 그게 맞다고 생각했고 실행했다. 그리고 미움받았다. 이와 같은 이유로 예민한 사람은 언제나 갈등에 부딪힌다.

예민한 사람으로 살아간다는 것

안타깝지만, 예민함은 세상 살아가기가 참 힘든 성향이다. 예민함은 보편적으로 환영받지 못하기 때문이다. 내가 어릴 때부터 듣던 말이 있다. "너 그런 성격으로 사회생활할 수 있겠니?"였다. 맞는 말이다.

나는 이런 성격을 타고났고, 솔직히 사회생활에 적합하지는 않다. 그러나 다행히도 요즘은 예민한 사람들에 대한 심리학 연구가 활발히 진행되고 있다. 과거에는 예민한 사람들이 혼자서 고립되어 생활했다면, 지금은 인터넷을 통해 타인과 연결될 수 있다.

MBTI라는 심리 검사도 예민한 사람들에게 숨통을 틔게 해 주는 역할을 해 주었다. I와 N성향에 예민한 사람들이 대부분 분포되어 있다. 예민하지 않은 사람도 예민한 사람을 이해해 줄 수 있는 훌륭한 도구가 탄생한 것이다. 또한 대중들의 감성 지능과 공감 능력이 과거에 비해 대폭 상승되었다. 이는 예민한 사람들이 살기 좋은 시대가 도래했다는 뜻이 된다.

　　과거에는 식당이나 버스에서 아무렇게나 담배를 피우고 바닥에 버리고 갔다. 공공장소에서 욕설을 하는 것은 기본이었고 침을 뱉고 큰 소리로 떠들어 대는 사람들이 많았다. 지금은 어떠한가? 만약 과거처럼 자신의 터프함을 드러낸다면, 바로 경찰서로 연행될 것이다. 한국은 선진화를 통해 예민한 사람들도 살기 좋은 환경들이 만들어지고 있다. 이는 예민한 남자에게는 좋은 소식인 것이다.

예민한 사람이
살아남는 법

　　예민한 사람은 웬만하면, 자신의 성향을 드러내지 않는 것이 좋다. 예민하게 굴지 말라는 뜻이다. 남들보다 더 많은 의지력을 사용해야 하지만,

불가능한 일도 아니다. 어쩔 수 없는 일이라 받아들여야 한다. 예민한 사람은 강해지는 것이 좋다. 아니 강해져야만 한다.

'강함'이라면 신체 능력만 떠올리기 쉽지만, 정신적인 성숙도도 포함된다. 몸 자체가 탄탄하고 기능적이어야 한다. 그리고 강한 정신력으로 무장해야 된다. 예민한 사람은 남들보다 훨씬 더 열심히 살아야 한다.

당신이 만약 예민한 성향이라면, 또래 친구들과 자신의 삶을 비교해서는 안 된다. 당신은 그들을 쫓아갈 수가 없다. 보통 사람들은 무던하기 때문에 직업의 선택폭이 넓다. 하지만 예민한 사람은 그러지 못하다. 직업 선택폭이 매우 한정되어 있다. 열심히 공부하고 자신의 성향이 힘을 발휘할 수 있는 곳에 취직이나 창업할 수 있도록 최선을 다해야 된다는 뜻이다.

예민한 사람은 살아남기 위해서 최선을 다해야 할 것이다. 자신의 성향을 받아들이고 그것을 무기 삼을 수 있는 환경에서 경쟁해야 된다. 예민함을 섬세함으로 바꾸는 것이 좋다. 당신이 예민한 사람이라, 반드시 기억해야 할 것이 있다.

당신은 또래 친구들과 다른 길을 갈 수밖에 없다는 사실을 말이다. 그 길은 당신 스스로가 찾아야 한다. 자신만의 길을 빨리 찾을수록 풍요로운 삶을 살 수 있다는 것을 우리는 잊지 말아야 한다.

당신이 예민하다면
성공할 수밖에 없다

예민한 사람은 성공할 수밖에 없다. 그 기질은 저주가 아니라 축복이다. 사회가 예민한 사람을 꺼리고 배척하는 이유도 예민한 사람의 영민함 때문이다. 예민한 사람은 일을 잘할 수밖에 없다. 그렇기에 항상 시기와 질투의 대상이 된다.

예민한 사람은 미래를 내다보는 능력도 갖추고 있다. 잘못된 방향으로 조직이 나아간다면, 바로 잡아주는 전략가 역할을 예민한 사람이 한다.

하지만 예민한 사람이 추구하는 능력주의는 언제나 배척의 대상이다. 즉 예민한 사람은 패배자들에게 언제나 공격의 대상이 된다는 뜻이다.

당신이 예민하다면 꼭 알아 두어야 할 것이 있다. 최선을 다해 살아왔지만, 사회에 융화되지 못하는 패턴이 반복됐다면, 환경이 잘못되어 있음을 인지하는 것이다. 당신 잘못이 아니다. 예민한 사람은 자신의 기질을 제대로 이해하고 그것을 무기로 삼아야 한다. 타인의 평가 따위는 신경 쓰지 말자. 당신은 예민함을 다루고 그것을 무기 삼아 세상을 이끌어 나가는 리더가 될 수 있다.

예민한 사람에게
환경은 매우 중요하다

아동 정신의학 분야의 권위자 토마스 보이스

는 한 연구에서 아이들의 20%는 환경 자극에 매우 예민하다는 사실을 발견했다. 연구에서 예민한 아이는 역경에 큰 영향을 받았지만, 좋은 환경에도 또래 아이들보다 적응을 잘하여 큰 성과를 보여 주었다.

그렇기에 예민한 아이에게 적절한 지원을 해 주기만 하면은 보통 사람들보다 성공할 가능성이 훨씬 크다. 하지만 부모가 예민한 아이의 기질을 제대로 이해하지 못하고 아이를 억압하거나 지원하지 않으면, 성인이 돼서도 집단에 잘 적응하지 못하게 된다. 그 원인으로 자존감이 떨어지고 사회에서 격리되는 악순환을 밟게 된다.

참고로 예민한 기질을 가졌는지 알고 싶다면, 앞의 9쪽 문항을 통해 간단히 체크해 보자. 다만 테스트를 통해 성향을 이해하고 삶을 관리하는 데 도움을 받을 수는 있지만, 결과에 대한 맹신은 오히려 독이 될 수 있으므로 주의하자.

당신은 하늘이고
감정은 구름이다

　예민한 사람이 잘 살고 싶다면, 자신의 감정부터 제어해야 한다. 왜일까? 모든 의사결정에 감정이 영향을 끼치기 때문이다. 감정은 최대한 배제해야 좋은 선택을 할 수 있다. 사적인 감정이 들어가는 순간 일을 그르치거나 망칠 수 있다.

　감정을 제어하는 방법은 간단하다. 자신이 감정보다 큰 존재라는 사실만 인식하면 된다. 당신은 하늘이고 감정은 구름이다. 당신이 구름을 품고 있는 것이지 구름이 당신을 지배하는 것이 아니다. 하늘이 없다면, 구름도 없다. 당신이 있기에 구름은 만들어지고 때로는 사라진다.

　당신의 감정을 자극하는 모든 외부환경을 차단하자. 가족이 당신을 감정적으로 이용한다면, 그것 또한 거부하자. 예민한 당신은 어릴 때부터 감정을 스펀지처럼 빨아들였을 것이다. 그리고 더 나아가 가족의 부정적 감정까지 전부 흡수하여 부모의 보호자 역할을 했을지도 모른다.

당신은 어릴 적부터 가족, 형제, 친구, 애인의 쓰레기 같은 부정적인 감정들을 처리하며 살아왔을 것이다. 정말 무거운 짐이 아닐 수 없다. 심리학에서는 이를 '투사적 동일시'라고 부른다. 투사적 통일시란 자신이 원하지 않은 것을 남에게 대신 떠맡겨 처리하도록 하는 행위를 뜻한다. 즉 스스로 처리해야 할 부정적 감정을 예민한 당신에게 떠넘기는 것이다. 예를 들면 자신으로 인한 부정적 결과나 감정을 당신 탓으로 돌려버린다. 당신과 아무런 인과관계가 없음에도 불구하고 감정과 책임을 당신에게 투영해 버린다.

예민한 사람은 공감 능력이 높아, 감정 쓰레기

통 역할을 할 때가 많다. 그렇기에 성인이 됐다면, 반드시 본인이 원하지 않는 타인의 감정들은 전부 거부하는 것이 좋다. 그래야 자기 발전에 더 힘쓰고 예민함을 무기로 삼을 수 있는 조건이 완성된다.

예민함은 특별한 능력이다

예민한 사람의 능력은 매우 다양하다. 첫 번째는 공감 능력이다. 당신은 감정을 흡수하는 능력이 있다. 이는 공감 능력을 최대치로 끌어올리는 재능이다. 당신은 공감 능력을 갈고닦아 타인의 생각을 읽어 낼 수 있다. 이는 엄청난 재능이다. 사람들이 원하는 것을 알아내려고 기업들은 수조 원의 돈을 쓴다.

기업은 시장조사를 위해 설문조사도 하고 이벤트도 한다. 거대 IT기업들은 알고리즘으로 사람들의 취향을 파악한다. 그만큼 타인의 생각을 알아내야 제품을 팔고 돈을 벌 수 있다는 것이다. 그렇기에 예민한 사람은 공감 능력을 통해 성공할 수 있다. 특히 예민한 사람은 감각적이고 공감 능력이 필요한 마케팅 분야에서 뛰어난 재능을 발휘할 수 있다.

두 번째는 뛰어난 예술 감각이다. 예민한 사람은 마치 안테나를 달고 있는 것처럼 모든 것을 흡수하는 능력을 가졌다. 전방위적으로 시각, 청각, 후각, 촉각, 영적인 감각을 받아들이는 안테나를 전개하고 다닌다. 예민한 사람은 소소한 것에도 큰 영감을 얻으며, 이것은 예술적인 혼으로 승화된다. 예민한 사람은 작가, 크리에이터, 현대무용, 연극, 배우 같은 예술계에서 뛰어난 재능을 발휘한다.

당신이 예민하다면, 유리한 판에서 게임을 해야 된다. 당신의 역량이 잘 발휘될 수 있는 곳에서 실력을 쌓고 꾸준히 활동하기를 바란다. 예민한 사람은 전문가가 되어야 한다. 그래야 사회에서 인정받고 더 나아가서는 선한 영향력을 발휘하는 리더가 될 수 있다.

예민함을 섬세함으로 바꾸는 법

　　예민함은 종종 부정적인 뜻으로 쓰인다. 나 또한 예민한 사람으로서 이런 사회적 시선이 안타깝다. 다만 예민한 사람이 주변을 피곤하게 만든다는 건 사실이다. 그냥 넘어갈 수 있는 일도, 걸고넘어지니 피곤한 것이다. 예민한 분들은 참지 않고, 항의를 하거나 컴플레인을 거는 것을 자주 보았다. 이는 예민함이 부정적으로 보이게 만드는 결정적인 이유가 된다.

예민함이 부정적이라는 인식을 무시할 수는 없다. 그렇다고 해서 예민함을 억압하고 살 필요도 없다. 예민함을 긍정적인 방향으로 다루면 그만이다. 예민함을 갈고닦아 예리함으로 만들면 무기가 된다. 예민함은 가공되지 않은 원석과 같다. 그 원석을 세공사가 만지면, 보석이 된다. 그 보석이란, 바로 예리함이다.

당신의 예민함을 받아 줄 사람은 없다
그저 참을 뿐이다

예민한 사람이 편하다면, 그건 십중팔구 주변에서 도와주고 있는 것이다. 부모님이 됐든 친구들이 됐든 간에 말이다. 예민한 사람의 성격을 받아 줄 사람은 없다. 다만 참고 있을 뿐이다. 이는 주변이나 당신에게 좋지 못한 영향을 끼친다. 간단하게 예를 들어 보자. 당신은 예민한 성격이다. 그리고 소리에 아주 민감하다.

집안은 항상 조용해야 되며, 시끄러운 소리가 나면 안 된다. 하지만 부모님은 예민하지 않다면? 부모님은 큰소리를 내지 않기 위해 노력할 것이다. 당신의 예민함이 폭발하지 않도록 배려할 것이다. 이는 큰 에너지 낭비를 초래한다. 생활 소음조차 거슬리는 예민함은 좋지 못하다.

이렇듯 예민함은 알게 모르게 주변에 압박을 준다. "나 예민한 거 알잖아!" 이런 식으로 자신의 예민함을 주변을 통제하고 억압하는 데 이용하는 사람들도 있다. 나는 예민함이 벼슬이라고 생각하지 않는다. 당신이 예민할 뿐이지, 그것이 대접받아야 할 일은 아니라는 뜻이다.

예민하다면 이것만 기억하자. '당신의 예민함은 그저 주변을 피곤하게 만들 뿐이다.'라는 사실

말이다. 예민함을 자랑스럽게 생각해서는 안 된다. 그렇다고 소심해질 필요도 없다. 올바르게 예민함을 다루면 된다. 예민함은 신이 주신 자랑스러운 무기이다. 이를 제대로 사용한다면, 아주 좋은 재능이 된다.

예민함이
강점이 되는 순간

외부 자극에 민감하다는 뜻은 거꾸로 남들이 보지 못하는 현상도 볼 수 있는 능력을 가졌다는 뜻도 된다. 무심코 지나가는 작은 일도, 예민한 사람은 포착할 수 있다. 이를 활용하면 큰 성과를 얻을 수 있다. 특히 크리에이터나, 작가, 인플루언서 등 창의성이 요구되는 분야에서 예민함은 큰 힘을 발휘한다.

또한 이상한 사람을 구별할 수 있는 능력도 가지고 있다. 예민한 사람들은 뭔가 미묘한 상황이나, 괴리감이 느껴지는 분위기를 잘 느낀다. 그래서 위험을 미리 피하는 능력이 탁월하다. 이상함이 느껴지고 합리적인 의심이 든다면, 대개 그 일은 잘못된 방향으로 흘러가는 경우가 많다.

섬세함은 나쁜 것이 아니다. 오히려 비즈니스나 일에 관해서는 도움이 된다. 예민한 사람이라면, 섬세함으로 자신을 무장하고, 깐깐해질수록 좋다. 만약 당신이 예민하다면, 섬세함으로 바꾸어 다룰 수 있다. 예민함은 그저 불편한 상황을 수동적으로 대처하는 것이고, 섬세함은 적극적인 자세로 문제를 해결하는 것이다.

예민한 사람이 타인에게 관심을 가지고 니즈를 파악해 비즈니스에 적용하면, 탁월한 성과를 낼수 있다. 나는 예민한 성향의 사람으로서 이 점을 십분 활용하고 있다. 사람들이 원하는 게 뭔지, 어디가 불편한지 표정과 눈빛 태도만 봐도 알아챈다.

고객을 대면하고 영업을 하는 데 있어서 이보다 더 훌륭한 능력은 없을 것이다. 돈을 벌고 싶다면, 많은 사람들과 관계를 맺어야 한다. 고객이든 동료든, 직장 상사든 말이다. 이 사실을 인지했다면, 예민함은 약점에서 강점으로 전환시킬 수 있다.

상대의 기분을 파악하고 마음을 읽어 내어 적시적소에 필요한 걸 제공하는 능력은 누구나 가질 수 없다. 예민한 사람은 약간의 훈련만으로도 고객의 니즈를 파악하는 능력을 대폭 상승시킬 수 있다.

애초에 예민한 사람은 타인의 기분과 분위기를 읽어 내는 능력이 있으므로 쉽게 해낼 수 있을 것이다. 트렌드에 민감하게 반응해야 되는 마케팅 분야에서도 예민한 사람은 두각을 보인다.

이렇듯 예민한 사람이 활약할 수 있는 전문 분야가 따로 있다. 예민한 사람이 반복 노동, 기계나 사물을 상대로만 하는 일을 한다면, 분명히 불행해진다. 그렇다면 예민한 사람이 종사해야 할 구체적인 직업군은 어떤 게 있을까? 사람을 직접 대면하는 직업군과 마케팅 분야, 작가, 크리에이터, 예술가, 연예인, 배우 등이 있다.

수동적인 태도가 아닌, 능동적인 태도로 임한다면, 예민함이 예리함이 되어 위험을 피하고, 큰 성과를 낼 수 있는 무기가 되어줄 것이다. 예민함을 꽃피울 수 환경을 만들어야 한다. 노력은 배신하지 않는다.

예민한 사람도 갓생을 살 수 있다

나는 어린 시절부터 별종 취급을 종종 받았다. 그리고 군중에서 조금 떨어져 있다는 느낌을 자주 받았다. 나는 가족에게도 핀잔을 듣곤 했다.

"너 예민하다. 성격 좀 고쳐!"

떠올려 보면 내가 어렸을 때 사회 분위기는 지금과 많이 달랐다. 그때만 해도 어디서나 담배를 피울 수 있었다. 식당, PC방 심지어 버스에서도 담배를 뻐끔뻐끔 피워 댔다. 담배 냄새를 극도로 싫어하는 나에게는 곤욕이었다. 공공장소에서 소리를 지르듯이 대화하는 것도 기본이었다. 나는 시끄럽고 어수선한 곳을 싫어했다. 그래서 자연스럽게 집에서만 생활했다. 그러나 대부분의 또래들은 이런 미친 시대를 대수롭지 않게 여겼다. 무던하게 잘 적응하는 사람들이 대부분이었다.

나는 그러질 못했다. 어른들은 나를 소심하다고 생각했다. 그러나 나는 전혀 소심하지 않았다. 그저 마음이 불편했을 뿐이다. 큰 소리 없이는 대화할 수 없는 것인가? 입에 담배를 물지 않으면 아무 일도 하지 못하는 것인가? 연장자라는 이유로 나이가 어린 사람을 함부로 대해도 되는 것인가? 도무지 이해할 수 없는 일이 많았다.

나의 어린 시절은 그야말로 무례함의 시대였다. 암묵적으로 나이가 많은 사람은 나이가 어린 사람을 함부로 대할 수 있었다. 처음 본 사이인데도 명령조로 반말을 남발해도 당연시하는 게 보통인 시대였다. 나는 어떻게 대응해야 할까 고민이 많았다. 예민한 사람으로서 방법이 없었다. 시대가 그랬다. 혼자 개인의 영역을 존중해 달라고 외칠 수도 없었다.

무례함의 시대에서 살아남기

나는 적응하는 수밖에 없었다. 나 스스로를 자책하고 무던해지려고 노력했다. 나의 감수성을 억압하고 애써 외면했다. 외향적인 척 연기도 해 보았다. 그러나 금세 인내심은 바닥나고 원래의 나로 돌아갔다. 나는 예민성을 도저히 통제할 수 없었다. 예민함은 살아가는 데 방해만 되었을 뿐이다.

문제를 외면하면서 살아오자 결국 큰 사건이

터졌다. 나는 문제가 뭔지 알고 있었지만 스스로를 믿지 않았다. 끊임없이 위협적인 신호가 느껴졌는데도 고개를 숙이며 이렇게 생각했다. "아냐... 내가 예민해서 그런 거야." 나 스스로의 감각을 믿을 수가 없었다.

나는 통제당하고 있었다. 스스로를 통제했다. 시간이 지나 인생에 변환점이 될 만한 큰 사건을 겪고 나의 예민함을 받아들였다. 나의 예민함은 어두운 그림자였다. 두려움을 극복해야만 했다. 그리고 예민함을 섬세함으로 바꾸며 살아가기로 결심했다. 그림자를 받아들이고 온전히 나를 믿어 보기로 했다. 그러자 보이는 것이 있었다. 고개를 들어 보니 시대는 변해 있었다.

이제 누구라도 무례함을 함부로 드러낼 수 없었다. 예민한 사람이 살기 좋아졌다. 나는 그렇게 느껴졌다. 그리고 열심히 글을 쓰고 작가가 되었다. 당신이 예민한 성향이라면, 꼭 이 글을 끝까지 읽어 주길 바란다. 이 글은 예민한 사람들을 위한 선물이다.

내가 살아오면서 그 누구도 이 예민한 성향을 어떻게 활용해야 하는지 알려 주지 않았다. 나는 힘들게 여기까지 왔다. 예민한 사람은 세상살이가 힘들다. 나는 그 사실도 안다. 그렇기에 예민한 사람들이 고통에서 해방되고 편안해지길 바란다. 예민함은 극복이 가능하다. 바로 섬세함이라는 선한 마음으로 말이다.

여기까지 읽으면서 자신의 예민함을 인정하고 이해하고 사랑하며, 이 에너지를 좋은 방향으로 돌려 보기로 마음먹었는가? 그럼 이제 궁금증이 생긴다. 예민한 사람이 단점을 극복하고 갓생을 살 수 있는 실질적인 방법은 무엇일까?

예민한 사람을 구원하는
세 가지 방법

첫째로 마음을 내려놓아야 한다. 예민한 사람은 희생정신이 투철한 경우가 많다. 자신보다 타인을 위해 열정적으로 행동한다. 그러면서 무리를 하거나 한계를 뛰어넘는 경우가 종종 생긴다. 그럴 때마다 번아웃 상태가 되어 오히려 역풍을 맞기도 한다.

"처음에는 그렇게 잘하더니 변했네?"라는 소리를 듣기 일쑤다. 예민한 사람은 타인의 시선에서 자유로울 수 없다. 타인의 평가에 민감하게 반응하다 보니 스트레스를 자주 받는 것이다. 모든 걸 내려놓을 수는 없겠지만 어느 정도는 내려놓아야 한다.

타인의 시선을 신경 쓰느라 정작 자기 자신을

돌보지 못하는 경우가 많다. 평판에 너무 민감한 나머지 작은 사건 사고에도 크게 반응한다. 두려움에 떨면서 행동을 조심하고 주변의 눈치를 본다. 이러면 오히려 관계를 망치게 되고 헌신에 대한 의도를 의심받게 된다.

예민한 사람은 일도 관계도 타인 중심에 있다. 이를 다시 스스로에게 돌려야 한다. 타인의 관점은 무시하고 하고 싶은 일을 하려고 노력해 보자. 그러다 보면 예민한 사람이 가지고 있는 문제나 고민들이 하나둘씩 풀리는 경험을 하게 될 것이다. 집착하지 말고 놓아라. 집착할수록 멀리 도망가는 것이 세상의 이치이다.

자신의 한계를 인정하고 할 수 있는 데까지만 해 보자. 나 같은 경우에는 인간관계의 폭을 일정 이상 늘릴 수 없다. 이것이 나의 한계임을 인지하고 있다. 그러니 다양한 사람과 관계를 맺으며 일도 하는 영업은 할 수 없다. 예민한 사람은 억지로 타인과 어울리기보다는 다른 길을 찾는 게 생산적이다. 크리에이터, 작가, 마케터, 소상공인, 스타트업이나 소규모 회사가 성향상 맞다.

둘째로 혼자 있는 시간과 공간을 꼭 확보해야 한다. 무엇보다 중요하다. 자신만의 시간과 공간을 반드시 확보하여 취미 생활을 해야 한다. 나 같은 경우에는 책을 읽고 글을 쓴다. 하루에 한두 시간 정도밖에 하지 않는다. 이 한두 시간이 삶에 지대한 영향을 끼친다. 매일 한두 시간씩 책을 읽고 글을 썼더니 작가가 되어 있었다.

예민한 사람은 조용한 공간에서 자신의 에너지 흐름에 집중하는 일을 게을리해서는 안된다. 이때 진짜 하고 싶은 일을 하는 것이 매우 중요하다. 이 시간만큼은 누구의 방해도 받아서는 안 된다. 가능하다면 말이다. 혼자 있는 시간을 확보하는 일은 선택이 아니라 필수이다. 예민한 사람은 평소에 신경이 과민해져 반드시 해소시켜 주는 작업이 필요하다. 한두 시간이면 충분하다. 시간 내기가 귀찮을 수도 있다. 그래도 해야 된다. 예민함은 관리가 필요하다. 자신의 상태를 항상 체크해야 된다.

전 세계적인 베스트셀러 작가 조던 피터슨 교수가 어느 영상에서 인터뷰하길, "예민한 사람은 정말로 안타깝다. 그들을 생각하면 마음이 아프다…"라고 말한 적이 있을 정도이다.

그만큼 예민한 성향을 타고난 사람은 어려운 인생 난이도를 이겨 내야 한다. 하지만 할 수 있다고 믿는다면, 뭐든지 가능하다. 인간은 적응의 동물이다. 언제나 답을 찾는 존재이다. 우리는 예민함을 무기로 바꿀 수 있다. 그러기 위해서는 혼자 있는 시간이 필요하다. 시간 때는 상관없다. 자신의 에너지 레벨이 가장 충만한 시간 때를 골라 혼자만의 시간을 보내는 것이 꿀팁이다.

셋째로 공감 능력을 조절해야 한다. 예민한 사람이 힘든 이유는 '공명' 때문이다. 이 공명이 정말 인생을 고달프게 만든다. 예민한 사람은 흰색 도화지와 같다. 감수성이 풍부하고 높은 공감 능력 덕분에 심리적 타격을 자주 받는다. 안타깝게도 좋은 사람은 수가 적다. 살면서 마주하는 사람들은 공격적이며 수동적인 성향을 보일 것이다. 이는 예민한 사람을 힘들게 만드는 요소이다.

예민한 사람은 상대의 감정에 깊게 빠져든다. 또한 쉽게 빠져나오지도 못한다. 공명을 경험하면서 기쁨이나 슬픔을 동시에 느낀다. 지나친 공감과 공명 현상은 예민한 사람을 쉽게 지치게 만든다. 타인의 말에 현혹되고 감정에 전염된다. 그러면서 자신을 잃어 간다.

타인의 의도와는 상관없이 예민한 사람은 삶이 피폐해진다. 이것이 문제다. 누구의 탓도 아니며, 자신의 탓도 아니다. 예민한 성향 때문이다. 예민한 사람은 세상에 대해 어떤 이질감을 자주 느낄 때가 있을 것이다. 본인은 느끼지만 타인은 전혀 눈치채지 못하는 상황들을 마주하면 당황스러울 것이다.

예민한 사람은 세상과 분리되어 이해받지 못하지만, 특유의 통찰력으로 세상이 어떻게 돌아가는지 이해하고 있다. 이것이 예민한 사람을 혼란스럽게 만드는 요소이다.

> **"예민한 사람은 자기 자신은
> 이해받지 못하지만
> 타인의 마음을 이해한다.
> 이것이 비극이다."**

지금부터 중요하다. 집중해 보자. 당신은 누구에게나 공감 능력을 사용하고 있지 않은가? 선별을 거치지 않고 아무에게나 감수성을 발휘하고 있지 않은가? 예민하다면 기억하자. 높은 공감 능력은 선물이자 가치이다. 섬세함의 혜택을 아무에게나 주어서는 안 된다는 말이다.

공감 능력을 조절하여 자격이 되는 사람에게만 제공해라. 이것이 포인트다. 예민함은 상대의 기분을 읽을 수 있는 능력이다. 그 능력을 이용해 당신은 힘들이지 않고 타인을 배려하며 기쁘게 만들 수 있다. 당신의 섬세함은 영향력을 발휘할 것이다. 그 섬세함을 좋은 사람들과 당신 스스로를 위해 사용해 보자.

당신의 감사와 기쁨, 관심을 받을 만한 사람에게만 사랑을 제공하라는 뜻이다. 우리의 시간과 에너지는 소중하다. 꼼꼼하게 선택하고 구별하자. 핵심이다. 예민하다면 절대로 아무나 만나지 말라. 함부로 연을 맺어서는 안 된다. 당신의 미소를 더욱 빛나게 해 줄 사람과 어울려라. 당신의 순수함을 짓밟지 않은 사람과 어울려라. 당신을 사랑하는 사람들과 어울려라.

찾기 힘들 것이다. 인맥은 당연히 줄어들게 되어 있다. 당신은 대외적인 가면을 하나 준비하자. 그리고 공감 능력을 절제하고 사회생활에 필요한 처세만 부려라. 그리고 운 좋게 인성이 괜찮은 사람을 만나게 된다면, 섬세함이라는 선물을 제공하라. 이것이 예민한 사람이 행복해질 수 있는 유일한 길이다.

예민한 사람은 세상 살기가 어렵다. 그러나 자신의 신념을 지키고 한계를 인정하며, 스스로를 사랑한다면, 살아가는 데 아무 문제도 없다. 오히려 예민함은 무기가 되어 당신을 지켜 줄 것이다. 더 나아가 사회적인 성공까지 거둘 수 있을 것이다. 당신의 어두운 그림자를 받아들이고 두려움을 극복한다면, 예민함은 힘이자 사랑이 된다.

예민함에 사랑을 덧붙이면 섬세함이 된다.

예민함이 나만의 무기가 되도록

1판 1쇄 펴낸날	2023년 12월 29일
지은이	글토닥(이기광)
책만듦이	김미정
책꾸밈이	유니꼬디자인
펴낸곳	채륜
펴낸이	서채윤
신고	2007년 6월 25일(제2009-11호)
주소	서울시 광진구 자양로 214, 2층(구의동)
대표전화	1811.1488
팩스	02.6442.9442
사이트	book@chaeryun.com www.chaeryun.com
ISBN	979-11-90131-16-2 (03190)